Cuisson dans le Fermat

K

Cuisson dans le Fermat

Cuisson dans le Fermat

Cuisson dans le Fermat

RECEPTI

Cuisson dans le Fermat

金曜ドラマ

フェルマーの料理
公式ガイドブック
「K」のレシピ

CONTENTS

北田岳（高橋文哉）は、子どもの頃から数学が好きで、日本トップクラスの数学の才能を誇る少年だった。しかし高校3年生で出場した『数学オリンピック選考会』で、自分の限界を思い知る。心が折れた岳は、学食で調理のバイトに勤しむ日々を送っていた。今日の賄いにと、岳がバイト仲間の魚見亜由（白石聖）に差し出したのは、余りもので作ったナポリタン。そこに朝倉海（志尊淳）が現れ、自分にも同じものを出してほしいと言う。岳は戸惑うが、彼はお構いなしに岳の分のナポリタンを食べると、狂気の目で岳を見つめ、岳にひとつの質問をぶつけた。

岳が数学オリンピックで結果を出さなかったことに怒り心頭の理事長、西門景勝（及川光博）。西門は別の数学コンテストに出場するよう命じるが、岳はそれを拒絶する。その帰り道、再び岳と顔を合わせた海は、さっきの礼にと、岳の部屋でナポリタンを作る。海のナポリタンを口に入れた瞬間、岳の頭の中で数式が溢れ出し、駆け巡った！　驚きと興奮が収まらない岳。そこに亜由から電話があり、岳に退学命令書が出されたと聞かされる。

数学者になる夢をずっと応援してくれてい

「お前の数学の才能は、料理のためにある」海

「君は失敗作。むろん君を育てた父親もクズだ」西門

Cuisson dans le Fermat

Story

た父・勲（宇梶剛士）を喜ばせるため、東大を受験しようと考えていた岳。しかし高校を退学になれば、大学受験もできない。西門にすがる岳だが、西門は岳の言動を〝裏切り〟だと言い、これまで援助した費用450万円を即刻返済するよう迫るのだった。絶望する岳に歩み寄った海は、岳に料理人になるよう言う。お前の数学の才能は、料理のためにある。自分たちが組めば、誰も到達できない料理の真理に、必ず辿り着くと――。

海は、若くして天才と称されるシェフだった。亜由に半分騙されるかたちで、海のレストラン「K」に連れてこられた岳。その日の夜、「K」では西門主催の食事会が行われる。海からメイン料理を作るようにと言われた岳は、途方もない話に半ば自棄になりつつコック服を受け取り、調理を始めた。メインとして岳のナポリタンが提供され、極上の味わいに夢中になる列席者たち。西門は、その作り手が岳だと知らされ、衝撃を隠せない。岳のさまざまなアイデアから、数学的観点で料理をする才能を見出した海は、再び、岳を料理の世界へと誘う。数ヵ月後、岳は海の誘いを受けて「K」で働くことを決意した。

「お前が生まれた日、父さんの人生は変わったんだ。あの日からずっと、父さんの人生では、お前が主人公だ」勲

「見つけたんですよ、最高の脇役を」海

海の下で働くために上京した岳は、海の家に下宿して、「K」の新人として賄いを担当することに。海から、1週間以内にスタッフ全員から合格点をもらえなければ、クビだと宣告される。「K」の厨房では、11人のスタッフが目まぐるしく働いていた。まるで戦場のような光景、それぞれの手際のよさや完璧な仕事ぶりに圧倒される岳。初日は大量の洗い物に追われ、賄いを出すこともできないまま終わった。

福田寧々（宮澤エマ）の何気ない言葉から、賄いのヒントを得た岳。改めて「K」で働くスタッフたちの様子を窺うと、一様にハードワークでの疲れが見える。営業を終えた「K」の厨房で、岳は賄いを作り始めた。手に取った食材は牛肉、じゃがいも、ニンジン、玉ねぎ……。岳が作った賄いは、肉じゃがだった。疲れているときに、いちばんおいしいと思えるものは家庭料理。そう考えた岳は、家庭料理の代表格、肉じゃがを選んだのだった。スタッフたちの食いつきぶりから、よい反応を期待する岳だったが、合格点を出したのはたった2人。想像もしていなかった展開に、岳はうろたえる。

「才能があるって聞いてたけど、それ以前の問題だったみたいね」

蘭菜

Cuisson dans le Fermat Story

以来、岳の賄い作りは迷走。さらに慣れない激務も重なり、岳は心身共に疲れ切ってしまった。そんな中、久しぶりに亜由に会った岳は、彼女が松葉杖をついているのに驚く。亜由は練習のしすぎで、怪我を負っていたのだった。高い壁を前に、力のなさを痛感する二人。亜由の手作り弁当を食べ始めた岳は、口の中に広がった懐かしい味に気づく。それは亜由と岳の地元の甲州味噌だった。亜由を見つめる岳の脳内に、海のナポリタンを食べたときと同じ光景、数式が一気に溢れ出した！

嵐のような忙しさに追われる「K」だが、岳の動きは格段に変わっていた。各スタッフの作業の流れを先読みし、迅速に対応していく。これまでとの違いを、スタッフたちも感じ取っていた。賄いを出せるのはあと2回だが、岳は「ノスタルジー」をテーマに、今日で決めると宣言する。多国籍なスタッフが働く「K」で、それぞれのノスタルジーを越える味わい。岳は肉じゃがをベースに、数学を使ってその味を考案、牛肉料理の一皿に凝縮してみせた。スタッフたちから合格を得て、岳は遂に「K」への仲間入りを果たす。だが乾 孫六（板垣李光人）は、その輪から外れていた。

「……あのときも、つまらないって
言われたんです」岳

「この先もずっと、
つまらない人間のまま生きていけば
いいじゃないか」海

ある朝、岳が目にしたテレビに、国際数学オリンピック金メダリストとなった武蔵神楽（久保田紗友）の姿が映し出された。岳の頭に、かつて彼女から言われた言葉が蘇る。

晴れて「K」でスタッフの一員として働き始めた岳だが、まだ一人、名前を教えてもらっていない男、孫六がいた。彼の存在が気になる岳だが、なかなか距離を縮めることができない。そんな中、海は岳に、翌日、貸し切り営業でやってくる特別な客2人に対し、一皿のメニューを考えて提供するように言い、孫六には岳のサポートを命じる。

当日、岳が「K」の厨房に入ると、そこには既に孫六の姿があった。岳は以前、赤松蘭菜（小芝風花）が新メニュー候補の豚料理を作る際に使った〝旨みの相乗効果〟のアイデアを活用してみようと考えていた。孫六に食材それぞれの旨み成分の数値を書き出してもらい、1＋1＋1は3以上という相乗効果を狙って食材の組み合わせを試してみるが、期待していたような味わいにはならず、岳は愕然とする。旨みの相乗効果は2つまでだと説明する海。客の来店時間は迫っていた。

店に姿を現したのは、岳がナポリタンを提

「数学から逃げたのは、
僕自身のせい。
だから……今の僕には
料理しかないんだ……
だから……だから、
きっと満足させるよ」岳

Cuisson dans le Fermat
Story

供した食事会に出席していた政治家と、その娘で岳の幼なじみである神楽だった。思わぬかたちでの再会に、岳は気まずさを拭えない。厨房に入った岳を、海は鋭い言葉でさらに追い込むが、そこで岳にある閃《ひらめ》きが！　岳が手に取った食材は、甘鯛だった。甘鯛を調理し、スープを作り、甘鯛のポワレが完成。岳が料理をする様子をこっそり覗いていた神楽は、岳に見つかり、慌てて身を翻《ひるがえ》す。神楽に追いついた岳は、数学から逃げたのは神楽のせいではなく自分自身のせいだと言い、料理で神楽をきっと満足させると告げた。

岳が厨房に戻ると、孫六が完成品を食べてしまっていた。孫六の本音を聞き、彼のメモを読んだ岳は、そこから新しいアイデアを思いつく。そして孫六に、一緒に料理を作ってくれるよう頼むのだった。二人が力を合わせて作った料理、「甘鯛のポワレ、干し貝柱と生ハムのスープ仕立て」が提供された。そのおいしさに、言葉を失う武蔵親子。岳が新たに歩み始めた道に、神楽も納得した様子で店を後にする。一方、わだかまりを越えた岳と孫六の間にも絆が生まれたが、岳はそこで一抹の寂しさを感じていた。

「愚問ですね、渋谷先生、当然です」海

「まだ続けるのか？　店を」渋谷

「プロじゃない料理人は、俺には必要のない人間だ。……プロになれ、岳」海

スタッフたちが忙しく立ち働く「K」の厨房。そこへ海がやってきて、来週からコースの担当を替えると宣言する。話題のレストランレビュアー、綿貫哲平（早乙女太一）の予約が入ったからだった。綿貫は一度「K」に来店しているが、そのときは〝最高評価〟を得ることができなかった。次こそ最高評価を獲るために、期間限定でポジションチェンジを行うというのだ。彼から評価されれば、そのままポジションを担当してもらうことにするという海の言葉に、スタッフたちは意気込む。海が告げた新しいポジションは、スープ担当が王《ワン》明剣《ミンジェン》（朝井大智）、魚料理が布袋勝也（細田善彦）、「K」のコース料理の花形であるメイン・肉料理が蘭菜、そして前菜が岳だった。海は岳を呼ぶと、お前はまだプロじゃない、プロになれと囁いた。

閉店後、メニューの試作に取り組む蘭菜、布袋、王、そして岳。だが岳には迷いがあり、メニュー内容を決めることができずにいた。これまで、〝プロの料理〟とは何かを考え続ける岳。辿り着きたい正解から逆算していくかたちで料理をしてきたことを思い返し、綿貫のレビューから嗜好を分析してメニューのヒ

「……岳には岳の、苦悩があるんでしょ？　みんな同じ。
それぞれに苦悩を抱えてる。それなら落ち込んでても意味ない。
やることやるしかない」蘭菜

「プロと素人の違いは、いかに美味しい料理を作れるかだけじゃない。
……あんたが信じる美味しさってなに？」蘭菜

Cuisson dans le Fermat

Story

ントを得ようとする。しかし蘭菜から、店に来た客全員の嗜好を調べて作るつもりかと指摘され、肩を落とすのだった。

日が変わり、岳は前菜に使う食材をいちじくと決めた。プロとは、いかにおいしい料理を作れるか、そして自分の料理を作れるかだと気づいた岳は、コースの世界に引き込むための前菜を考え始める。いちじくを前に、計算式を書き綴っていた岳の表情が変わった。

ついに、綿貫が「K」に来店。岳が出したのは、いちじくを〝揚げびたし〟のイメージで仕上げた前菜だ。料理を口にした綿貫の反応も上々のよう。閉店後、彼のレビューが更新された。前菜は、一皿としての出来はよかったが、コース料理の一品としては全体のバランスを崩していたと評され、岳は自分の皿のことしか考えていなかったことに気づく。だがそこで料理の新しいアイデアが閃き、再び心を躍らせるのだった。

岳は、改良したいちじくの前菜を店で提供し始める。すると「K」を再訪したという綿貫のレビューが上がった。岳の前菜の改良も踏まえ、布袋の魚料理、蘭菜の肉料理も含めて最高の評価を得たことに盛り上がる一同。これを受け、正式にコースの担当の変更を告げた海に、蘭菜は鋭い目をして口を開いた。

「結局僕には、
数学しかない。
でも……数学がある。
どんな食材でも、
誰に出す料理でも。
とにかく、
最大限の美味しさを、
数学を以て引き出す。
それが、僕の料理だ」岳

「お前が今
すべきことは、
俺と一緒に
〝料理の真理の扉〟
を開くことだよな？
時間がないんだよ
……もう二度と、
無駄なことに
時間を
使うな……！」

海

Cuisson dans le Fermat

Story

海に、母のものだったこの店を返してと迫る蘭菜。海に店を買収されてから、母親は料理ができなくなった、だから自分が店を取り戻し、再び母に料理をしてもらうと決めたというのだ。メインを任せるとは、海を超えたということ。そう解釈した蘭菜だが、海は勘違いも甚だしいと冷笑すると、不満なら店を出ていけと言う。蘭菜は店から出ていってしまい、「K」のスタッフたちに動揺が走る。

海の買収には、何か別の目的があったのではないかと感じた岳。海にその真意を尋ねるが、海は逆に、岳が今やりたいこと、すべきことは何かと問う。その頃、海は自分の味覚が着実に失われているのを感じ取り、悲しみと苛立ちに襲われていた。海に残された時間は、もう長くはない。

孤独の中にいる蘭菜を救いたいと奔走する岳。蘭菜に「K」の買収を狙う西門が接近していた。西門が買収した後の「K」でシェフにならないかという誘いに、蘭菜の心は揺れる。だが母親の店買収の裏にあった真実を知り、自分の料理を作るため蘭菜は「K」に戻った。安堵する岳に、海は自分と二人で〝料理の真理の扉を開く〟ことを迫る。海の目は、狂気を帯びていた——。

物語の「味」に深みを出す

ドラマ『フェルマーの料理』主な登場人物

Character File

Gaku Kitada

Kai Asakura

Ranna Akamatsu

Magoroku Inui

Ayu Uomi

Katsuya Hotei

Kagekatsu Saimon

Nene Fukuda

Isao Kitada

Yusaku Awashima

Katsuhiro Shibuya

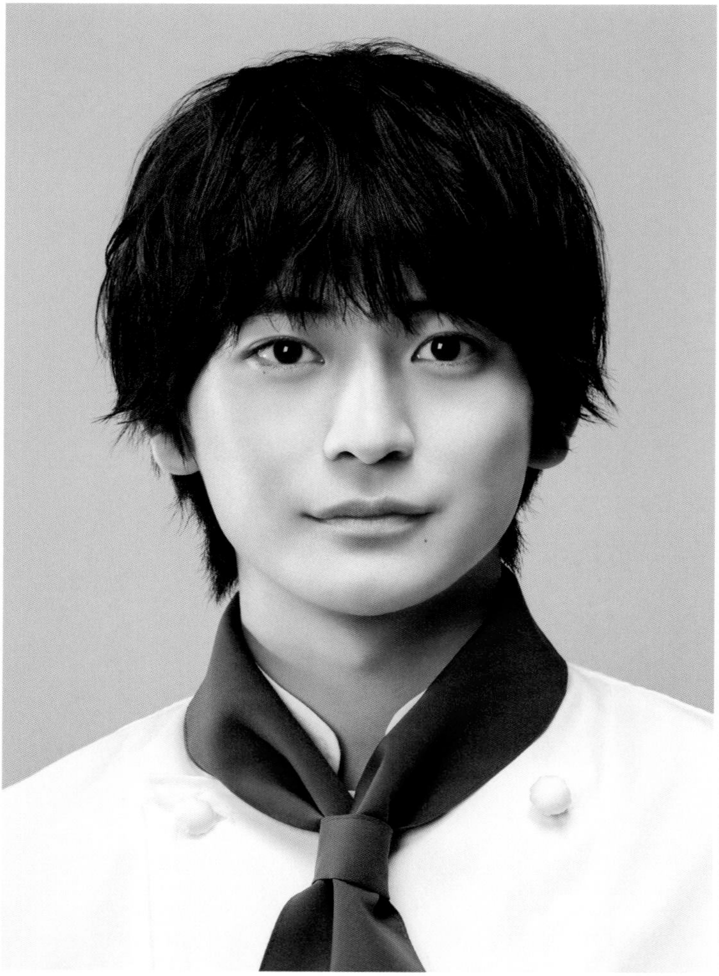

Character File 01

Gaku Kitada

Fumiya Takahashi

北田 岳
―高橋文哉

キャラクターの特徴

夢であった数学者を諦め 数学的アプローチで料理の世界に挑む

数学者を目指して名門・私立ヴェルス学園に通っていたが、「数学オリンピック」の選考会で、難問にまったく歯が立たず、ライバルとの差を実感。数学者の道を断念する。そんな折、海外でも有名なシェフ・朝倉海から数学的な思考で作る料理の才能を見出され、東大に合格したものの入学を辞退し、レストラン「K」の門を叩く。海から与えられるさまざまな試練を乗り越えながら、プロの料理人を目指す。計算式を使って旨みの相乗効果を狙うなど、数学的アプローチで美味しい料理を作るのが得意。

Profile

たかはし・ふみや／2001年3月12日生まれ。埼玉県出身。『仮面ライダーゼロワン』(テレビ朝日系)で主演し、脚光を浴びる。近作に、ドラマ『君の花になる』(TBS系)、『女神の教室～リーガル青春白書～』(フジテレビ系)、主演映画『交換ウソ日記』などがある。2024年には『劇場版 君と世界が終わる日に FINAL』、映画『からかい上手の高木さん』の公開が控えている。

Character File 02

Kai Asakura

Jun Shison

朝倉 海
―志尊 淳

キャラクターの特徴

岳の才能にいち早く気づき
料理人の道へと導く世界的シェフ

二つ星レストラン「K」のオーナーシェフ。幼いころから料理人になるべく育てられ、パリの店では史上最年少で星を獲得した。食材の買い付けから備品の管理に至るまで、一切の妥協を許さない。そして、要らないやつは切る。これまでも何人もの人間を容赦なく切り捨て、決断力で店を軌道に乗せた。ある日、ナポリタンを作る岳を見つけ、その瞬間に彼がもつ料理の才能に気づく。岳を料理の世界へと導き、その才能を引き出し成長させるが、彼を利用する一面も。裏の顔をもつ謎めいた存在。

Profile

しそん・じゅん／1995年3月5日生まれ。東京都出身。2011年に俳優デビューし『烈車戦隊トッキュウジャー』（テレビ朝日系）にて主演を務め、注目を集める。ドラマ、映画、舞台と幅広く活躍。連続テレビ小説『半分、青い。』『らんまん』、大河ドラマ『青天を衝け』（すべてNHK）など出演作品多数。現在、Netflixにて配信中の『幽☆遊☆白書』にも出演。

Character File 04

Magoroku Inui | Rihito Itagaki

乾 孫六
― 板垣李光人

キャラクターの特徴

海の料理に新たな可能性を感じ「K」で修業する有名料亭の息子

京都の有名料亭の息子で、「神の子」や「神童」と呼ばれるほどの料理の才能を持つ。京料理の伝統と封建的な世界に辟易していたころ、海の料理に出会い、「K」での修業を決意。歳の近い岳の腕が認められることに、複雑な感情を抱くも、やがて、その才能を認めるように。いつか父親も超えて自分がテッペンをとると信じている。

Profile

いたがき・りひと／2002年1月28日生まれ。山梨県出身。近作に、ドラマ『silent』（フジテレビ系）、大河ドラマ『どうする家康』（NHK）、映画『なのに、千輝くんが甘すぎる。』などがある。2024年には、出演映画『劇場版 君と世界が終わる日に FINAL』が公開予定。

Character File 03

Ranna Akamatsu | Fuka Koshiba

赤松蘭菜
― 小芝風花

キャラクターの特徴

母と一緒に料理を作りたいまっすぐな思いでフレンチに臨む

「K」で働く唯一の女性シェフ。前菜を担当。フレンチの料理人だった母に憧れ、いつか一緒に働きたいとフレンチの道へ。美味しい料理を追究し、世界トップのレビュアー・綿貫哲平から最高評価も得た。クールでストレートな物言いだが、優しさも併せ持つ。はじめは海を敵視していたが、しだいに特別な感情へと変わる。

Profile

こしば・ふうか／1997年4月16日生まれ。大阪府出身。ドラマ『息もできない夏』で女優デビュー。映画『妖怪シェアハウス－白馬の王子様じゃないん怪－』『貞子DX』、ドラマ『波よ聞いてくれ』（テレビ朝日系）など、主演作品多数。公開待機作に主演映画『レディ加賀』がある。

Character File 05

Ayu Uomi | Sei Shiraishi

魚見亜由
― 白石 聖

キャラクターの特徴

料理人を目指す岳を応援する高校時代の同級生

東京のスポーツ強豪大学に水泳で推薦入学。岳とはヴェルス学園の同級生で、学生食堂でアルバイトしていたときに出会う。口調は乱暴だが、面倒見が良い。数学者の夢をあきらめ、料理人を目指す岳を応援。「K」へと導いた一人でもある。以前、岳が作った「ナポリタン」を食べ、その美味しさに衝撃を受けた。

Profile

しらいし・せい／1998年8月10日生まれ。神奈川県出身。近作に、『合理的にあり得ない～探偵・上水流涼子の解明～』（フジテレビ系）、『何曜日に生まれたの』（テレビ朝日系）、連続ドラマW『OZU ～小津安二郎が描いた物語～ 第１話「出来ごころ」』などがある。12月14日から『幽☆遊☆白書』（Netflix）が配信開始。

Character File 06

Katsuya Hotei | Yoshihiko Hosoda

布袋勝也
― 細田善彦

キャラクターの特徴

海の右腕でありスタッフにも愛される存在

「K」のスーシェフ（副料理長）。料理長になれる腕を持ちながらも、海の才能にほれ込んでいるため、店のナンバー２として働いている。海の右腕的な存在。岳に対して、はじめは厳しく接するが、彼の才能を認めており、成長する姿を見守っている。スタッフのことを誰よりも理解しており、スタッフからの信頼も厚い。

Profile

ほそだ・よしひこ／1988年3月4日生まれ。東京都出身。数多くの映画、ドラマ作品に出演。近作に、ドラマ『家庭教師のトラコ』『最高の教師 1年後、私は生徒に■された』（いずれも日本テレビ系）、映画『TELL ME ～hideと見た景色～』『ぬけろ、メビウス!!』『カタオモイ』などがある。

Character File 07

Kagekatsu Saimon | Mitsuhiro Oikawa

西門景勝
― 及川光博

キャラクターの特徴

名誉と金のことしか頭にない 美食家気取りの学園理事長

開校以来、数学オリンピック日本代表を輩出する名門・私立ヴェルス学園の理事長。岳の数学の才能を見込み、特待生として援助していたが、挫折した岳に激怒。「退学命令書」を出し、これまでの援助金を全額返済するよう求めた。信賞必罰が教育方針の冷徹人間。美食家で知られ、「K」の買収を狙っている。

| Profile |

おいかわ・みつひろ／1996年、シングル『モラリティー』でアーティストとしてデビュー。独自の音楽性とその個性が注目を集め、1998年、ドラマ『WITH LOVE』で俳優活動をスタート。以後、アルバムリリースや毎年全国ツアーを行うとともに、ドラマ・映画・CMなどで活躍。

Character File 08

Nene Fukuda | Emma Miyazawa

福田寧々
― 宮澤エマ

キャラクターの特徴

客の顔は一度見たら忘れない 顧客データ管理に長けた給仕長

「K」の給仕長。接客から顧客データの収集・管理まで、仕事は完璧にこなす。海のことを「海様」と呼び、岳も住む海の自宅の家事一切を月額制で請け負う、密かに稼ぐしっかり者。雇い主ではない岳にはそれなりの対応しかしない合理的な面も。陽キャが好きだが、パリピは嫌い。「K」開店前の海を知る人物。

| Profile |

みやざわ・えま／11月23日生まれ。東京都出身。ミュージカルやドラマなどで活躍。近作に、連続テレビ小説『らんまん』(NHK)、ドラマ『罠の戦争』(フジテレビ系／関西テレビ制作)、『ゆりあ先生の赤い糸』(テレビ朝日系)、舞台『ラビット・ホール』などがある。

Character File 09

Isao Kitada | Takashi Ukaji

北田 勲
― 宇梶剛士

キャラクターの特徴

**“優秀な息子”が誇りだったが
新たな道を見つけた岳を応援**

岳の父親。妻に先立たれ、自転車販売店「北田バイシクル」を営みながら、男手一つで岳を育ててきた。優秀な岳が自慢で、彼の数学者になりたいという夢を応援。高校卒業後は東大に進学してほしいと願っていたが、子供がやりたいことをやらせるのが親の務めだと、料理の道へ進む岳の背中を押してあげる。

| *Profile* |

うかじ・たかし／1962年8月15日生まれ。東京都出身。1981年に俳優デビュー。その後、数多くのドラマや映画に出演。近作に、映画『とんび』、ドラマ『わたしのお嫁くん』(フジテレビ系)などがある。2024年4月には、舞台『新生！熱血ブラバン少女。』の公演が予定されている。

Character File 10

Yusaku Awashima | Mitsuomi Takahashi

淡島優作
― 高橋光臣

キャラクターの特徴

**フルコースの順番も無視
裸で食事をする合理的な男**

海と渋谷を自宅に呼び、3人で密会を重ねている謎の男。食事をするときは、上半身裸。服に飛び跳ねたソースなどを洗い落とす手間を省くためだという。コース料理も順番を無視して食べるなど、常に“合理性”を求めている。人生に無駄なことはなく、すべての経験が糧となると考えている。「K」に出資している一人。

| *Profile* |

たかはし・みつおみ／1982年3月10日生まれ。大阪府出身。『WATER BOYS 2005夏』(フジテレビ系)で俳優デビュー。ドラマ『DCU～手錠を持ったダイバー～』(TBS系)、映画『キングダム 運命の炎』などがある。2024年の大河ドラマ『光る君へ』(NHK)への出演も決まっている。

Character File 11

Katsuhiro Shibuya | Toru Nakamura

渋谷克洋
― 仲村トオル

キャラクターの特徴

海が「先生」と呼ぶ謎多き伝説のシェフ

海と淡島とで密会を重ねている料理界の伝説のシェフ。海の師匠で、「渋谷先生」と呼ばれている。海の秘密を知っており、彼をサポート。海がいつまで店を続けるのか、心配している。淡島家のキッチンで料理し、西門に振る舞う場面も。高いところへ登れば登るほど人は孤独になっていくのだと、海に助言する。

Profile

なかむら・とおる／1965年9月5日生まれ。1985年、映画『ビー・バップ・ハイスクール』で俳優デビュー。ドラマ、映画、舞台などで活躍。近作にドラマ『合理的にあり得ない～探偵・上水流涼子の解明～』（フジテレビ系／関西テレビ制作）、公開待機作に映画『帰ってきた あぶない刑事』など。

ナポリタン

甘鯛のポワレ

干し貝柱と生ハムの〝お茶漬け〟

日本の肉じゃが

世界標準の肉じゃが

いちじくのベニエ

豚肉のコンフィ

仔羊のロースト

家で作れる！
フェルマーの料理レシピ

ドラマに登場

「K」のメニュー
&賄い料理

Napolitain

Poêlé Daurade douce

Ragoût de bœuf et de pommes de terre
à la sauce de soja (Japon)

Ragoût de bœuf et de pommes de terre
à la sauce de soja (norme mondiale)

Beignet aux figues

Confit de porc

Carré d'agneau rôti

※本書掲載の「フェルマーの料理」レシピは、ドラマ撮影時にシェフが作りやすい分量で調理したときのものです。
調理の際は、召し上がる人数に合わせて分量を調整してください。

ナポリタン

Napolitain

［材料］（1人分）

スパゲッティ(1.8～1.9mm)……100g
玉ねぎ……1/4個
ウインナー……2本
ピーマン……1/2個
ケチャップ……大さじ3と1/2
ワインビネガー……大さじ1/2
マヨネーズ……大さじ1
オイル(香りの穏やかなもの)……適量

［作り方］

1 スパゲッティは塩水（塩は水に対して2％程度）で、袋の表示時間よりも2分長く茹でる。
2 茹で上がったら、冷水で締め水分を切る。
※アルデンテではなく、しっかり茹でる！
3 玉ねぎはくし形切り、ウインナーは斜め切り、ピーマンは細切りにしておく。ボウルにワインビネガーとマヨネーズを入れて混ぜ、❷を入れて混ぜ合わせ、冷蔵庫で寝かせる。
4 フライパンにオイルをひき、玉ねぎをしっかり焼き色がつくまで炒める。
5 続いてウインナー、ピーマンの順に加えて炒めていく。
❹にケチャップを加える。
※具を一方に寄せ、ケチャップがフライパンに直接触れるようにする。
6 ❸のパスタを加え、炒め合わせる。

01

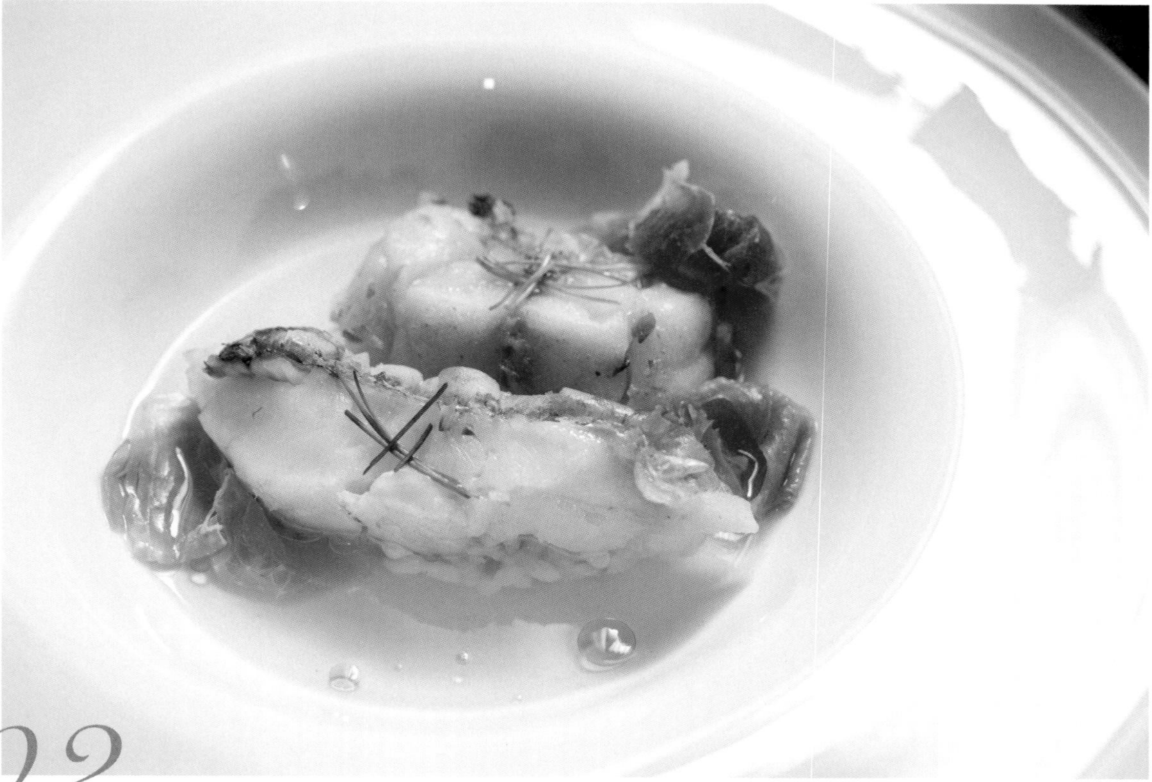

02

甘鯛のポワレ 干し貝柱と生ハムの“お茶漬け”

Poêlé Daurade douce

［ 材 料 ］（作りやすい分量）

甘鯛……1尾
ご飯（柔らかめ）……適量
薄力粉……適量
生ハム……適量
芽ネギ……適量
オイル（香りの穏やかなもの）……適量

〈生ハムのオイル〉
生ハム……8枚
グレープシードオイル……300g

〈スープ〉
水……500g
干し貝柱……20g
昆布……10g
日本酒……大さじ1
鰹節……15g

［ 作り方 ］

1 「スープ」を作る。鍋に干し貝柱と昆布、水、日本酒を入れ、水から煮て出汁をとる。
2 別の鍋で「生ハムのオイル」を作る。生ハムをグレープシードオイルで煮る。オイルに香りを移したら火を止めておく。
3 甘鯛を鱗つきのまま三枚におろし、食べやすい大きさにカットする。鱗を立てながら薄力粉をまぶす。
4 フライパンに多めの油を入れて170℃に熱し、❸の甘鯛を皮目から揚げ焼きする。身の部分はアロゼ（フライパンの中の熱い油をすくいかける）で仕上げる。
5 ❶の出汁が煮立ったら鰹節を加えて火を止める。鰹節が沈んだら、ざるや濾しシート（リードペーパーなど）で静かに濾す。
6 柔らかめに炊いたご飯をスープ皿に盛り、食べやすい大きさにカットした甘鯛（❹）をのせ、生ハム、根をカットした芽ネギをちらし、「生ハムのオイル」（❷）をかける。
7 食べる直前に❺の出汁を器に流して出来上がり。
※できれば、蓋をして香りを閉じ込めて食卓へ。

03

日本の肉じゃが

Ragoût de bœuf et de pommes de terre à la sauce de soja（Japon）

［材料］（4人分）

じゃがいも(中)……5個
にんじん(中)……1本
玉ねぎ(中)……2個
牛かたまり肉……200g
絹さや……適量

昆布出汁……600cc
醤油……大さじ4
みりん……大さじ2
酒……大さじ2
ごま油……適量
塩……4g

［作り方］

1 野菜の皮をむき、食べやすいサイズに切る(じゃがいもは4個)。
もう一つのじゃがいもは3mm角(ブリュノワーズ)に切る。
2 牛肉は大きめの一口大にカットする。
3 鍋を温めてからごま油をひき、❶の野菜をすべて入れて塩をふる。
野菜はあまり動かさず、しっかり焼き色をつける。
4 ❷の牛肉を加え、軽く炒め合わせる。
5 牛肉の色が変わり始めたら、具材を鍋の片側に寄せ、醤油を鍋肌に当てるようにまわしかける。強火にして、鍋を傾けながら醤油を少し焦がす。
※ブクブクと醤油が泡立つように！
6 みりん、酒の順番で鍋に加え、さらに炒める。
昆布出汁を加えて、沸騰したら灰汁を取る。
7 落とし蓋をし、火を弱めて15～20分煮る。
8 根菜にすっと竹串が通ったら完成。器に盛り付けて、茹でた絹さやを飾る。

世界標準の肉じゃが

Ragoût de bœuf et de pommes de terre à la sauce de soja (norme mondiale)

［材料］（4人分）

じゃがいも（メークイン種）……4個
牛ヒレ肉……500g
玉ねぎ（中）……1個
コンソメスープ……450cc
牛乳……50cc

一番出汁（鰹節と昆布でとったもの）……1ℓ
醤油……100cc
みりん……100cc
酒……100cc
塩……適量
オイル（香りの穏やかなもの）……少々

［作り方］

1 皮をむいたじゃがいもにオイルと塩をふって網の上に置き、直火で真っ黒になるまで焼く。
※むいた皮は捨てずに取っておく。
2 ❶のじゃがいもを鍋に入れ、コンソメスープと牛乳を加えて火にかける。沸騰したら蓋をして弱火で煮る。
3 じゃがいもがやわらかくなったら、スープごと裏濾ししてピューレにする。
4 ❶で出たじゃがいもの皮を耐熱バットに並べ、オーブンに。焦げつかないよう、薄いキツネ色になるまで120℃で20～25分加熱する。
5 鰹節と昆布でとった一番出汁に、8等分に切った玉ねぎ、醤油、みりん、酒を加え、玉ねぎがやわらかくなるまで煮る。
6 ❺から玉ねぎを取り出し、❹を粗く砕いて加え、ひと煮立ちさせる。じゃがいもの香りを出汁に移したら、皮は取り除いておく。
7 牛ヒレ肉に0.5％（2.5g）の塩を馴染ませたものを、大振りにカットする。❻の玉ねぎ、出汁と一緒にファスナー付きの保存袋に入れたら、空気を抜いて密封する。
8 ❼を54℃の湯煎で45分加熱する（作中では「ウォーターバス」を使用）。加熱が終わったら、そのまま冷水で冷やす。
9 保存袋の出汁を鍋に移して火にかけ、煮立ったら火から下ろす。そこに牛肉を入れ、軽く温める。
10 牛肉を一口大にカットし、温めたピュレと共に皿に盛る。お好みで❾の出汁を少量かけても美味しい。

04

いちじくのベニエ

Beignet aux figues

［材料］（作りやすい分量）

いちじく……1個
トマト……3個
エストラゴン（ハーブ）……適量
いちじく茶葉……3g
薄力粉……少々
塩……少々
オイル（香りの穏やかなもの）……適量
ライム……1個

ベニエ生地……適量
いちじくのコンディマン……適量
エストラゴンオイル……適量

［下準備］

〈ベニエ生地〉

卵……1個
水……30cc
薄力粉……20g～（固さを見ながら調節）

ボウルに卵を溶いて水を加えて混ぜ、ふるった薄力粉を加えながら静かに混ぜる。冷蔵庫でよく冷やしておく。

〈いちじくのコンディマン〉

いちじくの果肉の赤い部分……50g
ライム果汁……少々
エストラゴン……少々

いちじくは1/4にカットして、中心の赤い部分だけをスプーンでくり抜き、細かくカットする。ライム果汁と、刻んだエストラゴンを混ぜて味を調える。

〈エストラゴンオイル〉

エストラゴン……30g
グレープシードオイル……110cc

エストラゴンの葉の部分と50℃に温めたグレープシードオイルをミキサーに入れて5～10分ほど攪拌する。リードペーパーで静かに濾す。

［作り方］

1 トマトのエッセンスを作る。トマトはヘタを取り適当なサイズにカットして、エストラゴン少々、塩と共にミキサーにかけて粗めのピューレに。

2 ピューレを鍋に入れ、いちじく茶葉を加えて火にかけ、沸騰させる。リードペーパーで静かに濾し、すぐに冷やす。

3 いちじくはヘタの部分をカットし、薄力粉をまぶして「ベニエ生地」をつけたら、180℃のオイル（分量外）で1～2分揚げる。衣だけ火を通し、果実は軽く温めるイメージ。

4 バットに移して2～3分休ませ、180℃のオイルでさらに1～2分揚げる。外側からの熱でゆっくりと果肉の温度を上げていく。衣の中でいちじくを蒸すようなイメージ。

5 果肉の温度が52℃まで上がったら、取り出して油を切り、半分にカットする。

6 ❺のいちじくを皿に盛り、その上に「いちじくのコンディマン」をかける。いちじくのまわりに❷を流し入れ、「エストラゴンオイル」とライムの皮を削りかけたら完成。

05

豚肉のコンフィ

Confit de porc

［材料］（2人分）

豚バラ肉……150g
毛蟹……1杯
卵黄……1と1/2個分
香味野菜（にんじん、玉ねぎ、セロリ）……適量
フォンドヴォライユ（鶏の出汁）……適量
フュメドポワソン（洋風魚介出汁）……適量
塩……適量
コショウ……少々
オイル（香りの穏やかなもの）……適量
ラード……適量

※「フォンドヴォライユ」「フュメドポワソン」は、市販のものを使用可。スープ状にしてから調理してください。
※「フォンドヴォライユ」は市販のチキンブイヨンで代用できます。

［作り方］

1 豚バラ肉は正方形にカット（成形）し、軽く塩・コショウをふったら、オイルをひいたフライパンで焼く。全面に焼き色がついたら深めの容器に入れ、フォンドヴォライユ、香味野菜を入れ3時間程度ヴァプールする（蒸す）。
2 毛蟹は殻をむき、身をほぐしておく。内子（卵巣）は蒸し器で10分程度蒸す。水分が適度に飛んだら、フードプロセッサーで粉末状にする。
3 粉末状の内子はラードでじっくり炒め、フュメドポワソンと卵黄、塩少々を加え、火にかけながらホイッパー（泡立て器）で混ぜる。卵黄が、蟹の内子と同じくらいの粒の大きさになるまで混ぜる。
4 火を止めて、❷でほぐしておいた毛蟹の身を加えて混ぜる。
5 ❶の豚肉を適当なサイズにカットし、220℃のオーブンで4～5分程度加熱。
6 豚肉を皿に盛り付けたら、❹のソースをかける。

06

07

仔羊のロースト

Carré d'agneau rôti

［材料］（作りやすい分量）

ラムラック……1塊（約1kg）
タイム……適量
キュウリ……1～2本
山椒パウダー……適量
木の芽……適量
塩……適量
オイル（香りの穏やかなもの）……適量
仔羊のソース……適量
ミントのジェノベーゼ……適量
ミントのオイル……適量

［下準備］

ラムラックは骨のまわりの肉を掃除しておく。まず、表面の皮や余分な脂を包丁で削り取る。軟骨、背骨を切り外し、筋部分を取り除く。残った骨のまわりについている余分な肉をそぎ落とす。※削り取った肉は残しておく。

〈仔羊のソース〉

仔羊の半端肉（ラムラックを掃除した時に出た肉）
フォンドヴォー（市販のもので可）……適量

仔羊の半端肉を細かくカットしてフライパンでしっかりと炒める。そこに水（適量）を加えて煮出す。煮詰まってきたらフォンドヴォーを加えてさらに煮る。濾し器で濾して完成。

〈ミントのジェノベーゼ〉

ミント……4パック
バジル……1パック
オリーブオイル……110cc
パルメザンチーズ……50g
塩……適量

ミントとバジルは葉だけの状態にして、1%の塩水でさっと茹で、冷水に取る。ミキサーに茹でたミントとバジルの葉、オリーブオイル、パルメザンチーズを入れてペースト状にする。塩で味を調える。

〈ミントのオイル〉

ミントの葉……30g
グレープシードオイル……110cc

ミントの葉と45℃に温めたグレープシードオイルをミキサーに入れ、5～10分ほど攪拌してリードペーパーで濾す。

［作り方］

1 フライパンにオイルをひいたらラムラックを塊ごと焼き、肉の表面に焼き色をつける。
2 ❶のラムラックをフライパンごと、もしくは耐熱皿に移し、タイムをのせて80℃のオーブンで40～50分ほど加熱する。肉の中心温度を54～58℃にする。
3 付け合わせ用のキュウリは一口大にカットし、❶のフライパンで香ばしく焼き上げる。
※（左の写真のように）ロール状にして添えたい場合は、キュウリをスライスした後に1%の塩水で軽く茹でて冷水に落とし水けを切る。塩と山椒パウダーを適量ふりかけ、巻き上げる。
4 皿に「ミントのジェノベーゼ」をまわしかけ、❸のキュウリを盛り付ける。
5 ❷のラム肉を骨と骨の間でカットし、器に盛り付ける。上から「ミントのオイル」をかけ、木の芽を飾る。仕上げに「仔羊のソース」をかけたら完成。

ホタテのタルタル
青リンゴとズッキーニ

エビのラビオリ、
きのことエビの
エッセンス

金目鯛のポワレ、
タマリンドのソースと
チョリソーのエキューム

肉のロティ
雲《う》丹《に》と藁《わら》の香り

洋梨と山羊乳のアイス

家で作れる！ フェルマーの料理レシピ

ドラマに登場

「K」のコース料理

—前菜からデザートまで—

Tartare de coquille saint-jacques

Raviolis aux crevettes

Poêlé daurade dorée

Rôti de bœuf

Glace poire et lait de chèvre

※本書掲載の「フェルマーの料理」レシピは、ドラマ撮影時にシェフが作りやすい分量で調理したときのものです。
調理の際は、召し上がる人数に合わせて分量を調整してください。

［ 作り方 ］

1 ホタテはキッチンペーパーで水分を取り、軽く塩をふる。
2 フライパンにオリーブオイルをひき、❶を片面だけソテーして焼き色をつけてから冷蔵庫で冷やす。
3 しばらく冷やしたら、ホタテは賽の目に切り、ボウルへ入れる。
4 ズッキーニは横半分にカットし、スライサーで厚さ3mm程度にスライス。さらに、1mm幅の千切りにして水にさらす。
5 生姜もズッキーニと同じ細さに切り、水にさらす。
6 グラニースミス（青りんご）は、外側部分だけを使う。皮ごとスライスしてから千切りし、りんごジュース（または柑橘の果実を入れた水）にさらす。
7 柚子胡椒、ハチミツ、ナンプラー、すだち果汁を合わせ、マリネソースを作る。
8「ズッキーニのソース」と「りんごのソース」を冷凍庫から出し、必要な分量を容器に取る。「ズッキーニのソース」は少量の水を加えてサラサラに、「りんごのソース」は少量のりんごジュースを加えてツノが立つくらいに溶いておく。
9 ❸のホタテに、❼の「マリネソース」を加えて和える。
10 ❹❺❻で千切りした青りんご、ズッキーニ、生姜を3:2:1でボウルに入れ、すだち果汁少々、「ハーブのオイル」を少量加えて和える。
11 盛り付ける。皿の中央付近に❾を盛り、ホタテを覆うように❿をのせる。
12「りんごのソース」を添え、上から「ズッキーニのソース」をまわしかける。
13 最後に「ハーブのオイル」をかけて完成。
※お好みでエディブルフラワーを飾りつければより華やかに。

08

ホタテのタルタル　青リンゴとズッキーニ

Tartare de coquille saint-jacques

［材料］（作りやすい分量）

むきホタテ……1パック（15玉）
ズッキーニ（太め）……1本
グラニースミス（青りんご）……大1個
りんごジュース（果汁100％）……少々
生姜……大1個
すだち果汁……小さじ1〜2
柚子胡椒……小さじ1
ハチミツ……小さじ1〜2
ナンプラー……小さじ1
オリーブオイル……少量
エディブルフラワー（食用花）……適宜
ズッキーニのソース……適量
りんごのソース……適量
ハーブのオイル……適量

［調理前日の仕込み］

〈ズッキーニのソース〉

ズッキーニ（太め）……7本
塩……適量

1　ズッキーニを四つ割りにして、芯の部分を取り除き、1mm幅に薄切りする。
2　2％の塩水でさっと茹でる。茹で上がる前に（半透明になってきたら）火を止め、ざるに上げる。ミキサーでペースト状（ピューレ）に。
3　濾し器（タミなど）を使ってさらになめらかにし、ボウルへ移す。氷水を張ったボウルに重ね、ボウルを回転させながら、かき混ぜて冷やす。そのまま冷凍庫で保存。

〈りんごのソース〉

りんご（紅玉）……大3個
バター……適量

1　りんご（紅玉）は皮をむき、芯を取り、くし形に切ってスライス。むいた皮を鍋に入れ、バターで炒める。水分を出すように弱火でじっくりと。芯は別の鍋に入れ、芯がかぶるくらいの水で茹でて出汁を取る。
2　皮から水分が出てきたら、スライスしたりんごを入れて混ぜながら煮る。❶で芯から取った出汁を少しずつ加えて蓋をして、蒸し煮にする。水分がなくなり焦げないように、これを何度か繰り返す。
3　❷をミキサーにかけ、濾し器を使ってペースト状にする。容器に入れて冷凍庫で保存。

〈ハーブのオイル〉

ディル……10パック
グレープシードオイル……適量

1　ディルの葉をちぎり、ボウルに入れる。
2　鍋にたっぷりのグレープシードオイルを熱し、40〜50℃に調温し、❶のボウルに加える。
3　❷をミキサーにかける。10分ほど攪拌し、リードペーパーで濾す。容器に入れて冷凍庫で保存。

エビのラビオリ、きのことエビのエッセンス

Raviolis aux crevettes

［材料］（作りやすい分量）

天使のエビ（冷凍）……１箱（1kg）
ワンタンの皮……１パック（30枚くらい）
マッシュルーム……500g
乾燥ポルチーニ……50g

長ねぎ……２本
生姜……30g
卵白……50g
白トリュフオイル……少々

オイル（香りの穏やかなもの）……適量
塩……適量
粗塩……適量
片栗粉……適量

09

[調理前日の仕込み]

〈きのことエビのエッセンス(出汁スープ)〉

1 エビの殻をむく。むいた殻と頭の部分を、クッキングペーパー(オーブン使用可能なもの)を敷いたオーブン皿に並べる。水分を飛ばしながら香ばしい香りを出すため、155℃のオーブンで30分ほど焼く。時々色みを見ながら、乾燥するまで加熱。
2 オーブンから取り出したら、腹部の殻を手で砕きながら鍋に移す。次に頭の殻を入れ、木べらなどでさらに砕く。そこに、乾燥ポルチーニを投入し、ひたひたになる程度の水(できれば浄水)を入れる。灰汁を取り除きながら30分〜1時間程度火にかける。
3 ❷を濾し器で濾し、残った固形物を麺棒で潰しながら出汁をとる。量が多いため、何回かに分けて作業する。
4 別の濾し器にリードペーパーを敷き、❸をさらに濾す。
5 濾したスープを鍋に入れて火にかけ、味をみながら塩で味を調える。

〈エビのラビオリ〉

1 殻をむいておいたエビは背ワタを取ってボウルに入れ、粗塩と片栗粉をつけて軽く揉む。※氷水を張ったボウルに重ねて作業する。ある程度揉んだら、別のボウルに氷水を張り、エビを入れて洗う(生モノなので温度を上げないように注意)。ざるにあげて水けを切る。
2 ❶のエビはタオルやキッチンペーパーで上から揉むように水分を取る。水けがなくなったら、少し食感が残るくらいの大きさに刻む。刻んだエビをボウルに入れ、氷水を張ったボウルに重ねてラップをし、冷蔵庫に入れておく。
3 マッシュルームをフードプロセッサーで刻む。※均等な大きさになるように、時々混ぜる。
4 長ねぎと生姜はみじん切りにする。フライパンにオイルをひき、長ねぎを入れ塩をふって炒める。オイルがまわったら生姜を入れて、長ねぎがしんなりするまで炒める。
※長ねぎはミキサーにかけるとえぐみが出やすいので包丁で切る。
5 フライパンに❸を加え、塩をふり、炒めながらしっかりと水分を飛ばす。30分くらい炒め続け、全体が茶色になったら火を止める。
6 ❺の具材をボウルに入れ、氷水を張ったボウルに重ねて、へらなどで混ぜながら、まんべんなく一気に冷やす。
7 ❷に塩少々をふり、エビ全体に味をつけるように混ぜ、そこに❻を投入。しっかり混ぜ合わせたら、卵白を入れ、手で混ぜて餡にする。
8 ❼をワンタンの皮で包む。

[作り方]

1 鍋にお湯を沸かし、「エビのラビオリ」を入れて2分程度茹でる。その間、「きのことエビのエッセンス」を火にかけて温めておく。茹で上がった「エビのラビオリ」はバットなどに取り出しておく。
2 茹で上がったワンタンを盛りつける。
3 ❶のエッセンスが沸騰したら火からおろして器に注ぎ、白トリュフオイルを垂らす。

金目鯛のポワレ、
タマリンドのソースとチョリソーのエキューム

Poêlé daurade dorée

［材料］（作りやすい分量）

金目鯛……1尾（できるだけ大きいもの）
チョリソーのエキューム（泡ソース）……適量
タマリンドソース……適量
レシチン……少量
彩り野菜……適宜
塩……適量
オイル（香りの穏やかなもの）……適量

［調理前日の仕込み］

〈チョリソーのエキューム（泡ソース）用のスープ〉

チョリソー（スペイン産）……300g
アサリ（殻つき）……200g
玉ねぎ……1個
塩……適量
オイル（香りの穏やかなもの）……適量

1　玉ねぎは薄切りに、チョリソーは半月切りにしボウルへ。
2　深めの鍋に玉ねぎを入れて塩をふり、焦げつかないようにへらでかき混ぜながら炒める。
　玉ねぎがほぐれたらオイルを入れて、さらに炒める。玉ねぎの香ばしい香りが出てきたらチョリソーを加える。
　チョリソーから赤い脂が出てきたらアサリを投入し、さらに炒めて旨みを出す。
　※この工程をしっかりすることで味が変わってくる。
3　3分程度煮詰めたら、火を強めて水（2ℓ程度）を入れる。そのまましばらく煮詰める。
4　煮詰めているときに浮いてくる脂（旨み）は、別の容器に取っておく。
　※そのあとに出る灰汁は取らない。
5　火からおろし、アサリを捨ててから濾し器で濾す。
　残った固形物は麺棒で捻りながら押しつぶすように。
6　❺で濾したスープを、さらに目の細かい濾し器で濾す。濾した後のスープは保存容器へ移す。

〈タマリンドソース〉

パプリカ……2個
玉ねぎ……1個
タマリンドペースト……200g
ハチミツ……適量
バター……30g
塩……適量

1　玉ねぎは薄切りに、パプリカはヘタとワタを取り除いて薄切りにする。
2　深めの鍋に、バター、玉ねぎを入れ、塩をふって完全なあめ色になるまで炒める。
　少量の水を入れ、鍋にこびりついた旨み成分を無駄にしないようにしっかりこそげる。
3　❷にパプリカを投入し、軽く混ぜる。もう一度塩をふり、少量の水を加える。パプリカがしんなりするまで炒めたら、蓋をして弱火で1分30秒程度蒸す。トロトロになっていればOK（水分が足りなそうであれば、水を足す）。
4　へらで混ぜながら、少々煮詰める。水分がなくなりペーストに近い状態になったら、そこにタマリンドペーストを入れて、焦げつかないように混ぜながら煮詰める。
　塩、ハチミツを加えて味を調整する。
5　❹をミキサーにかける。何回か蓋を開けてゴムべらで混ぜながら、まんべんなく攪拌する。その後、目の細かい濾し器と木べらを使って濾す。※何回かに分けて作業。
6　❺で濾したソースを保存容器へ移す。
　※氷を敷いたバットに「チョリソーのエキューム用のスープ」と「タマリンドソース」を容器ごと入れて冷やす。
　冷めたら、「チョリソーのエキューム用のスープ」レシピ❹で取り出した旨み脂とともに冷蔵庫で保存。

10

［下準備］

金目鯛はうろこを落とし、三枚におろしておく。※腹骨を取り、触って確認しながら、残った骨をピンセットで取る。※キッチンペーパーをのせて冷蔵庫に入れ、表面の水分をふき取って皮を乾燥させておくとよい。

［作り方］

1　ソースを作る。鍋に「チョリソーのエキューム用のスープ」を適量入れて火にかける。
温まったらレシチンを入れ、ホイッパーでかき混ぜて泡立たせる。※60℃だと泡立ちの状態がいい。
2　「タマリンドソース」は、鍋に適量を入れ、湯煎で温めながら状態を整える。
同時に、「チョリソーのエキューム用のスープ」のレシピ❹で取り出した「旨み脂」も湯煎で温めておく。
3　金目鯛に、軽く塩をふる。
4　熱したフライパンにオイルをひき、皮面から焼く。フライ返しで軽く押さえ、焼き加減を確認しながら焼く。
5　オーブンで1分30秒程度焼き、再度、フライパンで焼きながら皮目の状態を調整する。
キッチンペーパーを敷いたまな板にのせ、片身を4等分ずつカットする。
6　❺の表面にオイルを塗り、軽く塩をふる。
7　皿に、❷のタマリンドソース、❻の金目鯛、❶のエキューム（泡の部分をすくう）の順に盛り付ける。❷の旨み脂をかける。
8　彩り野菜など、付け合わせをのせて完成。

［ 調理前日の仕込み ］

〈牛ヒレ肉の下処理〉

1 牛ヒレ肉はキッチンペーパーで水けを取り、側面のヒモ肉（白い膜のようなものや余分な脂身）をすべて取り除く。

2 肉の厚みのある部分に切り込みを入れて、切り口に接着材をふり、ラップで巻く。太さが均等の棒状になるよう成形。肉の接着をよくするため、ラップは4重くらいに。丸くなるように、台の上でコロコロと転がしながら整える。しばらく置いておく。

3 必要な分をカットする。カットした肉に、たこ糸を巻きつけて縛り、バットや台の上で転がして馴染ませ再び形を整える。肉全体に塩・コショウして、冷蔵庫にて保存。

〈じゃがいものブリュノワーズ〉

1 じゃがいもは皮をむいて芽を取り除く。全体が3〜5mm角になるようにブリュノワーズ（賽の目切り）。スライサーで薄めに切ってから包丁を使うとキレイに仕上がる。※使用するのは、中心部分の大きさがある程度揃っている部分。

2 ❶を水にさらし、水けを取っておく。

［ 作り方 ］

1 「ニンニクオイル」を作る。ニンニクは、たっぷりのサラダオイルに皮ごと入れ、火にかける。100℃を超える程度の低温でゆっくりじわじわ揚げる。香ばしい香りが立ったら火からおろす。

2 燻製の準備をする。燻製用の鍋に藁を適量入れ網を置く。ウニは使用する分量をバットなどに入れ、燻製用鍋の網の上にのせて蓋をする。火にかけ、25〜30秒、瞬間的に燻す。

3 たっぷりのサラダオイルを熱し、「じゃがいものブリュノワーズ」を揚げる。揚がったらオイルを切っておく。

4 ソースを準備する。フォンドヴォーは使用する分量を鍋に入れて温める。

5 肉を焼く。オイルをひいて熱したフライパンに、転がすようにして全面を焼いていく。焦げつかないよう、状態を見てオイルを足しながら焼く。全面に焼き色がついたら、フライパンから取り出しオイルを切っておく。

6 別のフライパンにバターを入れて❺の肉を投入。溶けたバターで表面をアロゼする（溶けたバターをスプーンなどで肉にかけながら火を通す）。

7 燻製用鍋に藁を追加し、❻の肉を網の上に置く。蓋をして火にかけ、30秒ほど燻す。

8 肉に巻いたたこ糸を切り、食べやすい厚さにカットする。断面に❶のオイルを塗る。

9 皿に肉を盛り、断面に粗塩少々をふる。肉のそばに❸を添え、その上に❷を乗せる。❹のソースをかけて出来上がり。

肉のロティ　雲丹《うに》と藁《わら》の香り

Rôti de bœuf

[材 料]（作りやすい分量）

牛ヒレ肉……１塊
ウニ……適量
じゃがいも……大１個
ニンニク……2房
サラダオイル……適量
フォンドヴォー……少量
バター……適量
塩……少々
コショウ……少々
粗塩……少々
肉の接着材（卵白が原料の粉）……適量
藁……適量

11

12

洋梨と山羊乳のアイス

Glace poire et lait de chèvre

[材料]（作りやすい分量）

洋梨……1個
柚子(あれば)……1個
ハチミツ……適量
杏仁クリーム……適量
洋梨のピューレ……適量
松の葉オイル……適量
山羊乳のアイス……適量

[前日の仕込み]

〈杏仁クリーム〉

杏仁パウダー……40g
豆乳……200cc
生クリーム(42%)……200cc
グラニュー糖……50g
板ゼラチン……4g

1 杏仁パウダーと豆乳は深めの鍋に入れ、ホイッパー（泡立て器）で軽く混ぜたら、火にかける。ゴムべらで鍋に焦げつかないよう熱しながら混ぜる。沸騰直前に火を止め、グラニュー糖と板ゼラチンを入れる。まんべんなく混ぜ、容器に移し、氷を入れたボウルに重ねるなどして冷ます。

2 冷めたら、そこに生クリームを投入。ゴムべらでよく混ぜ、濾し器で濾す。冷蔵庫で保存。

〈松の葉オイル〉

松葉……70g
グレープシードオイル……385cc

1 松葉は根元の硬い部分をハサミでカットし、水洗いして汚れを落とす。キッチンペーパーで水けを取り、ハサミで3分の1の長さにカットする。

2 グレープシードオイルを鍋に入れ、50℃まで熱する。

3 松葉と❷をミキサーにかける。全体が均等になるように、ゴムべらで混ぜながら10分ほど攪拌。リードペーパーで濾す。バットなどの容器に入れて、冷蔵庫で冷やしておく。

〈洋梨のピューレ〉

洋梨のピューレ……200g
レモン果汁……小さじ1
アガー（ゼリーの素）……5gくらい

1 洋梨のピューレは鍋に入れ、アガーとレモン果汁を加えたら、ゴムべらやホイッパーで混ぜ合わせながら火にかける。

2 軽く沸騰したら、バットに流し入れ、粗熱を取る。冷蔵庫で冷やし固める。※薄い板状に作る。

3 全体が固まったら、円形に型抜きする。

〈山羊乳のアイス〉

牛乳……300cc
酒粕……50g
エクストラヴァージンオリーブオイル……22cc
グラニュー糖……30～40g
山羊乳のフロマージュブラン
（山羊乳100%のフレッシュチーズ）……200g

1 鍋に、牛乳、酒粕、エクストラヴァージンオリーブオイル、グラニュー糖を入れ、火にかけながらホイッパーでダマにならないように混ぜる。沸騰しない程度の火加減で丁寧に混ぜてなめらかに。混ざり切ったら容器に移し、氷を入れたボウルに重ねて冷やす。

2 山羊乳のフロマージュブランはボウルに入れ、ゴムべらやホイッパーで混ぜてなめらかに。そこに、冷やしておいた❶を入れ、ホイッパーでよく混ぜる。

3 別の容器に流し入れ、冷凍庫へ。※急速冷凍機があれば、急速冷凍させる。

［作り方］

1　洋梨をブリュノワーズする。洋梨の皮をピーラーでむき、３～５mm角にカットしボウルに入れる。そこへゆずの皮をグレーター（おろし器）で削り入れ、果汁も少々搾り入れる。

2　スプーンで混ぜ合わせたら、そこに「松の葉オイル」適量とハチミツを加えて混ぜ合わせ、冷蔵庫で冷やしておく。

3　盛り付ける。皿に、大きめのスプーンを使って「杏仁クリーム」を盛り、その上に、冷やしておいた❷と「山羊乳のアイス」を大きめのスプーンですくい、のせる。

4　もう一度、❷を盛り、型抜きをした「洋梨のピューレ」をかぶせるようにのせる。仕上げにグレーターでゆずの皮を削りおろし、「松の葉オイル」をかける。

トマトチーズ茶漬け
トリュフ香る
リゾット
卵のムースがけ
包み揚げ
サンドイッチ
苺のタルト

家で作れる！
フェルマーの料理レシピ

番外編

原作漫画
登場メニュー

"Chazuke" aux tomates et au fromage

Risotto aux truffes

Sandwich frit

Tarte aux fraises

13

トマトチーズ茶漬け

“Chazuke” aux tomates et au fromage

［材料］（2人分）

ご飯……茶碗2杯分
ナチュラルチーズ……20g
ドライトマト……20g
鰹節……10g
水……500cc
塩……適量
刻み海苔、
あられなど……各適量

［作り方］

1　鍋に細かく切ったナチュラルチーズ、ドライトマト、半量の水を入れて火にかける。沸騰する直前に火を弱め、5分ほど煮たらざるで濾しておく。
※チーズはパルミジャーノ・レッジャーノやエメンタールなどのハードタイプを。
2　別の鍋に残りの水を沸かし、火を止める。鰹節を入れて鍋底に沈むまで1〜2分待ち、ざるで静かに濾す。
3　❶❷を1：1で混ぜ、合わせ出汁を作る。火にかけ、塩で味を調整する。
4　茶碗にご飯をよそい、刻み海苔やあられなどを盛り付け、❸をかける。

トリュフ香るリゾット　卵のムースがけ

Risotto aux truffes

［材料］（2人分）

昆布……10g
鰹節……10g
卵……4個
白米……150g
魚醤……10cc
サラダ油……適量
塩……少々
砂糖……少々
トリュフ塩……ひとつまみ
トリュフオイル……少々
白トリュフ……3g

［作り方］

1 700ccの水に昆布を入れ、中火にかける。沸騰したら弱火にし、アクを取りつつ、さらに煮込んで出汁を取る。火を止めて鰹節を加える。鰹節が鍋底に沈むまで1～2分待ち、リードペーパーを敷いたざるで静かに濾す。
2 ❶に魚醤を加えて味を調え、弱火にかける。
3 サラダ油で米を炒め、塩をかけて下味をつける。米に火が通って透明になってきたら、❷を米がひたひたになるまで加え、弱火で15分炊く。途中、煮詰まり出汁が減ってきたら、❷の残りを適宜足す。
（米の粘りけが出過ぎないよう、米にはあまり触らない！）
4 ボウルに卵を割り入れ、塩と砂糖を加え、ホイッパーでよく混ぜる。
5 ❹を80～90℃で湯煎する。ホイッパーでかき混ぜながら、ゆっくりと卵に熱を通す。もったりしてきたら湯煎から下ろす。
（空気を含ませながら、卵が固まらないようボウルの底からかき混ぜる）
6 ❺にトリュフ塩とトリュフオイルを加える。
7 ❸を皿に盛り付け、❻をかける。仕上げに、白トリュフを削りかける。

14

包み揚げサンドイッチ

Sandwich frit

［材 料］（2人分）

食パン…… 1斤（8枚切り）

バター……10g

エクストラヴァージン
オリーブオイル……適量

お好みの具材

オススメの具材

「BLT風」

卵……1個

※作中ではスクランブルエッグ

トマトソース……大さじ1

ベーコン……20g

「サーモンとほうれん草のクリームソース」

スモークサーモン……20g

ほうれん草……5g（1株程度）

ホワイトソース……大さじ2

［作り方］

1　食パンの耳を切り落とし（もしくは、サンドイッチ用の食パンを使用）、バターを塗る。
2　パンの中央に具材をのせる。ペースト状の具材⇒固形の具材の順に。
3　パンの端をフォークで押し潰し、四辺を閉じる。
4　フライパンに2cm程度の深さまで、エクストラヴァージンオリーブオイルを入れる。
5　170℃程度まで熱したら、❸を入れ、パンがきつね色になるまで揚げ焼きにする。

15

※写真は「サーモンとほうれん草のクリームソース」

16

苺のタルト

Tarte aux fraises

［材料］（2人分）

イチゴ……6個
ハチミツ……適量
ティムットペッパー……適量
カスタードクリーム……50g
生クリーム……50g
クランブル（タルト生地）……25g
ピスタチオ……5g
レモンの皮……適宜
バニラアイス……適量

［作り方］

1 イチゴ半量（3個）を輪切りにし、ハチミツとティムットペッパーをからませる。
2 カスタードクリームと生クリームを合わせて「ディプロマット」を作る。
3 ❷を皿に敷き、その上に❶を盛り付ける。
4 残りのイチゴを縦に薄く切り、盛り付ける。
5 ❹にクランブル、砕いたピスタチオをまぶし、好みでレモンなどの皮を削りかける。
※冬には、ベルガモットの皮が合います！
6 クネル（スプーンなどですくって成形）したアイスを❺に盛りつける。

志尊淳 キッチントーク

Fumiya Takahashi × Jun Shison

Kitchen Talk

数学をベースにした発想で革新的な料理を生み出す岳と、料理を通じて究極の高みを目指す海を描くドラマ『フェルマーの料理』。主演を務める二人が、本書オリジナル「フェルマーのペペロンチーノ」作りに挑戦。完成したペペロンチーノをいただきながら、ドラマや料理に関するトークを繰り広げてくれました。

高橋文哉

Fumiya Takahashi
×
Jun Shison

今日の料理

「フェルマーの
ペペロンチーノ」

Fumiya Takahashi
×
Jun Shison

Peperoncino

＼いただきます♪／

——今日のパスタの出来はどうでしょう？

高橋　うん、おいしいです！

志尊　おいしいです。僕のペペロンチーノには牛肉を入れたから、ちょっと脂が強いかも。レモン汁を数滴加えるとよさそう。こっちも食べてみる？（とお互いのパスタを試食）

高橋　確かに、レモンが合いそうです。チーズで辛さがまろやかになっているから、唐辛子がもうちょっと効いていてもいいかもしれません。

志尊　文哉の味付けはちょうどいいね！

——パスタを食べる際、「これが入っていると選んでしまう」という食材は？

志尊　僕はウニ！　ウニクリームと、それからトマトクリームに弱いです。

高橋　クリーム系が好きなんですね。僕は食材でこれというものはとくにありませんが、ペペロンチーノなどオイル系が好きです。

志尊　ペペロンチーノ、よく作るって言ってたよね。

高橋　はい。ペペロンチーノを究めたくて、一時期、毎日作って週8くらいで食べていました！（笑）　今日のペペロンチーノは長ねぎを入れるのがポイントだったそうですが、おいしかったです。

志尊　うん。初めに聞いたときは、長ねぎの存在感が強く出るんじゃないかと思ったけど、炒めたらトロトロになるし、長ねぎの甘みが加わっていいなと思いました。

——ドラマの撮影が進んでいますが、どのような手応えを感じていますか？

高橋　とても面白いです！　最初の頃は志尊さんと二人でのシーンが続いていましたが、「K」のスタッフの皆さんが合流してから、海と二人でいるときの岳と、レストランにいる海と話すときの岳の違いが明確に分かった瞬間があってワクワクしました。岳は登場人物の中でいちばん成長の幅が広いので、今後もステップアップ感をしっかり出していければと思っています。

志尊　海のセリフはどれもパンチが効いていて、強烈な印象を与えるので、そのキャラクターが作品に定着するのには少し時間がかかると思っていましたが、現場に入ったらすんなりなじんだ気がしています。仕草や表情も含め、どのように芝居を組み立てていくか、現場で監督と話し合いながら作っています。岳と海は対照的なので、二人の会話にも独特なテンポ感があり、やっていて楽しいです。

高橋　岳は海に引っ張られ続けているので、

「ペペロンチーノを究めようと
毎日作っていたときがありました（笑）」（高橋）

先行する海にバタバタしながらついていくのが僕としても楽しいです。それに、岳は海を見ている瞬間が多いんですが、キッチンに立つ志尊さん（海）には説得力があって、すごいなと思いました。

志尊　文哉は、ずっと僕のセリフを真似するんですよ（笑）。言葉だけじゃなくて仕草まで。

高橋　言いたくてしようがないんです（笑）。

志尊　海のセリフは強いので、素で言うと言葉の力に負けてしまうんです。だから仕草や表情と連動させてセリフを立たせられないかと試行錯誤しているんですが、そういった部分をすぐ真似して。僕のセリフ、全部覚えてるでしょ？

高橋　もともと、一緒に演じる方のセリフも全部覚えるタイプなのですが、海のセリフは不思議なぐらい頭に入ってきます。段取りで志尊さんの芝居を見ると、もう覚えちゃう。それぐらい、鮮烈な印象が残ります。僕が何度も真似をしていたら、ある日、僕を真似してくれた瞬間があって、あのときは嬉しかったです！

志尊　岳のキメカットのところだよね。漫画にはポイントになる〝キメのカット〟があって、漫画原作のドラマであるからには、そのキメカットをどれくらい再現できるかがポイントだと思って演じています。今までのところ、海のキメカットが多いのですが、この間、岳のキメカットの撮影があって。持っているジャガイモが重すぎて、文哉の手がずっとプルプルしているっていう（笑）。

高橋　あはは！　ジャガイモを15個ぐらい持って、「ノスタルジー！」って言うところですね。テストのときは手が揺れまくりましたが、本番は頑張りました！　志尊さんのキメカットの演技を見て、ずっと「いいなぁ」と思っていたので、自分もようやくできてとても嬉しかったです。

志尊　うん、楽しそうだった。文哉はずっとやりたかったんだろうなと思ったよ。

——現場に入ってから知った、お互いの〝新たな一面〟というと？

高橋　最近、休憩中に僕におちゃらけてくれるようになりました！　会ったばかりの頃、志尊さんから「すごく仲よくなると、僕はふざけるタイプなんだ」と聞いていたんです。クランクインから少し経って、おちゃらけ始めたとき、内心「やったー！」と思いました（笑）。そのあたりからよくお話しさせていただくようになりましたし、細かいところでコミュニケーションを取れるようになったなと感じています。

「撮影がはじまってすぐ、僕の家で一緒に料理をしたよね」(志尊)

志尊　そうだね。プライベートで文哉が僕の家に来たり、一緒に料理を作ったりしてからかな。文哉がずっと「志尊さんの家で、ごはんを作りたいです」と言ってくれていて。

高橋　ちょうどいいタイミングができて、志尊さんが「家に来る?」と誘ってくださったんです。

志尊　1回目は「お互い、作りたいものを作ろう」ということで、文哉が僕にオムライスを作ってくれて、僕が文哉にバターチキンカレーを作って。ごはんを食べ終わったら、文哉が「今日、志尊さんの家に泊まってもいいですか?」って。すっかりくつろいでいたよね(笑)。

高橋　「家賃、いくら払ったらここに住めますか?」って聞きました。上京したての岳と海みたいに(笑)。

志尊　あと、このドラマをやるからには自炊をしようと決めて、「何を作ったらいいか、課題として食材と作り方を教えてほしい」って文哉に頼んだんです。そうしたら、食材のリストだけがメールで送られてきました(笑)。

高橋　その日は現場で一緒だったので、現場にいる間に食材リストをまとめてすぐ送って、作り方は口頭でバーッと説明したんです。志尊さんには「それじゃ分からないよ……」って言われましたけど(笑)。

志尊　僕は料理経験があまりないから、「フライパンを温めるのが先? 食材を切るのが先?」と、そこから戸惑ってしまって。でも実際にやってみて分かったんです。料理はだいたいの流れを把握したら、あとはイマジネーションを働かせて作るということを伝えたかったんだなと。料理に触れるという点で楽しかったし、いい勉強になりました。

高橋　お役に立てて、よかったです!

志尊　文哉は、初めて会ったときはとても大人っぽく感じられて、「きちんとやろう」という意識が強くあり、ふざけたりしない真面目な人なのかなという印象でした。でも今は、4歳ぐらいの子どもに見えています(笑)。

高橋　あはははは!

志尊　現場で僕が休憩していると、セットは広いのにわざわざ僕の隣に来て、「志尊さん、志尊さん」ってニコニコ話しかけてくる(笑)。もう、すごくかわいい!! 僕はきょうだいの中で末っ子なのですが、文哉のことは純粋にかわいいなと思っています。

高橋　志尊さんとは、本当の兄以上に距離が近いです。兄とも仲はいいですけど、少し緊

張してしまう部分があって……。

志尊　これだけ仲良くなってしまったので、今後はドラマのクリエイティヴを損ねないように、気を付けないといけないかもね(笑)。

高橋　今後、海と岳がぶつかるシーンがあったりしたら……。

志尊　まぁ、僕は関係なく絡みに行くけどね。

高橋　じゃあ、僕は逃げます！(笑)

志尊　あはは！

――石井（康晴）監督の演出の印象を聞かせてください。

志尊　僕は2015年にドラマ『表参道高校合唱部！』で、監督と初めてご一緒させていただきました。映像作品の経験がまだ多くない中での現場で、石井さんから受けた影響はとても大きかったです。久々にご一緒できるということで、「8年前から変わっていない」では絶対にダメだという思いもあり、いい緊張感をもって現場に臨めています。以前に石井さんから「撮影でごはんが出てきたら、食べられるだけ食べるように」と教わり、それからどの作品でも意識してきました。先日、まかないを食べるシーンで石井さんが「皆さん、少しでも食べる隙があったら、できるだけ食べてください」と言うのを聞いて、「石井さんのメソッド、変わっていないんだ」と嬉しくなりましたし、あの言葉で初心に還ることができました。

高橋　僕はクランクインして1〜2週間ぐらい、学校や実家でのパートを撮影したのですが、僕の中でまだ岳のイメージが固まりきらず緊張していると、「この人といるときの岳は、子どもでいいよ」「もっと笑顔で大丈夫」など丁寧にほぐしていただき、気持ちがとても楽になりました。今も「気になることがあれば言ってね」と都度、声をかけてくださるので、考えをきちんと伝えることができます。石井さんの人柄と演出のおかげだと感謝しています。

――撮影セットも、非常によく作り込まれていますね。

高橋　はい。とてもカッコいいですし、キッチンとホールが繋がっているなど、リアルですごいなと感心しました。

志尊　「ココは俺の店だ」という気持ちで立つと、とても気持ちがいいです(笑)。これだけしっかり作っていただいているからには、海がこの店まで辿り着いた軌跡に説得力を持たせないと、と思っています。セットのおかげで、役により深く向き合うことができていま

「監督から学んだことは
この現場でも生きています」（志尊）

す。

高橋　デシャップ（出来上がった料理を給仕係に渡す場所）で仕上げをしている志尊さん、すごくカッコいいです。デシャップって、厨房にいる人たちの憧れの場所ですから。

志尊　キッチンでの料理シーンはデシャップから始まることが多いので、気が抜けないけどね。あの場にいて楽しいのが、自分が何か言うと、周りが「Ｏｕｉ！《ウイ》」と返事してくれること。みんなが付いてきてくれている感じがします。だからこそ、海は佇まいも含めてみんなが憧れる存在でいなければと思います。

――今までさまざまな料理に触れてきたかと思いますが、とくに印象に残っているのは？

高橋　僕はナポリタンです。あのナポリタンに背中を押されたり、海が作ったナポリタンで未知の感覚に導かれるなど、大切なきっかけになっているので。岳のレシピで実際に作りましたが、やっぱりおいしかったです。すぐに真似できるくらい、手順はシンプルなんですけど。

志尊　マリネがいいよね。ワインビネガーとマヨネーズで酸味を効かせるのが、すごくいいアクセントになって。

高橋　食べると「なんだ、このナポリタン⁉」と驚くはずです。

志尊　僕も実際に食べたのはナポリタンと肉じゃがですが、今は撮影で登場する料理すべてに愛着が湧いています。スタッフそれぞれが持ち場で仕事をし、僕のところで仕上げをする。その手間や想いを考えるとね。

「一度、『Ｋ』のフルコースを食べてみたいです」（高橋）

高橋　「Ｋ」のフルコース、一回食べてみたいです！

志尊　文哉が「ドラマがクランクアップしたら、フレンチレストランに行きましょう」と言っているので、ぜひ実現したいです。

高橋　是非行きましょうね！

――作品に寄せてメッセージをお願いします。

志尊　僕としては「ドラマを通じて何か伝えたい」というより、エンタメとして純粋にドラマを楽しんでもらえたらと思っています。観てくださる方が毎週楽しみになるような作品作りを全うしたいです。

高橋　ドラマをご覧になった方が料理に興味を持ち、「自分も真似して作ってみた！」となれば、料理がテーマの作品として伝えるべきことが伝わったということかなと思います。「おいしそう」と思いながら観ていただければ、嬉しく思います。

Fumiya Takahashi × Jun Shison

Kitchen Talk

2人が作った
「フェルマーのペペロンチーノ」

『フェルマーの料理』の料理監修者である田村浩二シェフに、おいしいペペロンチーノの作り方を教わりました。
このレシピに、高橋さんと志尊さん考案の食材アレンジを加えて、さまざまな味を楽しんでみて。

長ねぎを
入れることで
とてもマイルドな
仕上がりに！

［材料］（1人分）

長ねぎ……1/2本
鷹の爪……1本
ニンニク……1片
好みのパスタ……80g
オリーブオイル……適量
塩……適宜

［作り方］

①たっぷりの湯に塩（分量外）を入れて、パスタを茹でる。
②ニンニクは縦半分に切り、芯を取り除き、包丁の腹を使って潰す。
長ねぎは斜め切りにしておく。
③フライパンにオリーブオイルをひき、ニンニクと鷹の爪を入れ、火にかける。
ニンニクの香りがしてきたら、ニンニクと鷹の爪を小皿に取り出しておく。
④フライパンに長ねぎを入れ、しんなりするまで炒める。
⑤パスタが茹で上がる少し前に、フライパンにおたま１杯分の茹で汁を入れソースを作る。
⑥茹で上がったパスタをフライパンに移し、ソースと絡める。
⑦味が薄い場合は、塩で味を調整。
⑧皿に盛り付け、ニンニクと鷹の爪を飾る。

Fumiya Takahashi × Jun Shison
Fermat's Peperoncino

高橋文哉の
アレンジペペロンチーノ

［材料］（1人分）

「フェルマーのペペロンチーノ」の材料（P73）……1人分
鶏もも肉……50～60g
アスパラガス……3～4本
塩……適量
黒コショウ……適宜

［作り方］

「フェルマーのペペロンチーノ」の作り方❶❷まで同様に。

③鶏もも肉は食べやすい大きさに切り、軽く塩をふって下味を付けておく。アスパラガスは5cmの長さに切っておく。

④フライパンにオリーブオイルをひき、ニンニクと鷹の爪を入れ、火にかける。
ニンニクの香りがしてきたら、ニンニクと鷹の爪を小皿に取り出しておく。

⑤フライパンに長ねぎ、❸の鶏もも肉とアスパラガスを入れて、鶏肉に火が通るまで炒める。

⑥パスタが茹で上がる少し前に、フライパンにおたま1杯分の茹で汁を入れ、ソースを作る。

⑦茹で上がったパスタをフライパンに移し、ソースと絡める。

⑧味が薄い場合は、塩で味を調整。

⑨皿にパスタと具材を盛り付ける。

⑩お好みで黒コショウをかけて完成。

鶏もも肉×アスパラガス

鶏肉が入って
食べ応え十分
食感も楽しめる！

キャベツの甘みと
しらすの塩けが
食欲をそそる！

しらす×キャベツ

Fumiya Takahashi

Arrange Peperoncino

［材料］（1人分）

「フェルマーのペペロンチーノ」の材料（P73）……1人分
しらす……50～60g
キャベツ……1/8個
塩、黒コショウ……各適宜

［作り方］

「フェルマーのペペロンチーノ」の作り方❶❷まで同様に。
③キャベツは食べやすい大きさにざく切りする（ちぎっても◎）。
④フライパンにオリーブオイルをひき、ニンニクと鷹の爪を入れ、火にかける。
ニンニクの香りがしてきたら、ニンニクと鷹の爪を小皿に取り出しておく。
⑤フライパンに長ねぎを入れて炒め、次に❸のキャベツとしらすを入れて炒める。
⑥パスタが茹で上がる少し前に、フライパンにおたま1杯分の茹で汁を入れ、ソースを作る。
⑦茹で上がったパスタをフライパンに移し、ソースと絡める。
⑧味が薄い場合は、塩で味を調整。
⑨皿にパスタと具材を盛り付ける。
⑩お好みで黒コショウをかけて完成。

志尊 淳の
アレンジペペロンチーノ

［材料］（1人分）

「フェルマーのペペロンチーノ」の材料（P73）……1人分
ホタテ貝柱……4～5個
エリンギ……1/2本
※お好みのきのこ（適量）でもOK
塩……適宜

［作り方］

「フェルマーのペペロンチーノ」の作り方❶❷まで同様に。
③ホタテ貝柱は食べやすい大きさに、エリンギは5cmの長さに切って、縦にスライスしておく。
④フライパンにオリーブオイルをひき、ニンニクと鷹の爪を入れ、火にかける。
ニンニクの香りがしてきたら、ニンニクと鷹の爪を小皿に取り出しておく。
⑤フライパンに長ねぎを入れて炒め、次に❸のホタテ貝柱とエリンギを入れて炒める。
⑥パスタが茹で上がる少し前に、フライパンにおたま１杯分の茹で汁を入れ、ソースを作る。
⑦茹で上がったパスタをフライパンに移し、ソースと絡める。
⑧味が薄い場合は、塩で味を調整。
⑨皿にパスタと具材を盛り付ける。

ホタテ
×
エリンギ

ボリュームがあるのに
カラダにやさしい
ヘルシーパスタ！

牛肉の旨味と
チーズのコクで
濃厚な一皿に！

牛肉 × チーズ

Jun Shison
Arrange Peperoncino

［材料］（1人分）

「フェルマーのペペロンチーノ」の材料（P73）……1人分
牛肉（こま切れ）……50～60g
ナチュラルチーズ……適量
黒コショウ……少々
塩……適宜
レモン果汁……適量

［作り方］

「フェルマーのペペロンチーノ」の作り方❶❷❸まで同様に。
④フライパンに長ねぎと牛肉を入れたら、黒コショウをふり、肉に火が通るまで炒める。
⑤パスタが茹で上がる少し前に、フライパンにおたま１杯分の茹で汁を入れ、ソースを作る。
⑥茹で上がったパスタをフライパンに移し、ソースと絡める。
⑦味が薄い場合は、塩で味を調整。
⑧皿にパスタと具材を盛り付け、上からチーズを薄く削りながらかける。
⑨仕上げに、レモン果汁をかけて出来上がり。

ようこそ「K」へ

撮影セット紹介

岳と海を巡る物語の舞台、レストラン「K」。その内部はどのようになっているのか、撮影セットにカメラが潜入。ホールとキッチン、そしてオフィスを細かく見ていこう。

Welcome to「K」

Floor
（店内）

客を迎え入れるレセプション（上）。扉を開くと、食事を楽しむフロアへと誘われる。黒を基調にまとめられ、スタイリッシュ（中）。壁には、「K」をモチーフにしたデザインがあしらわれている（下）。

Seat
（客席）

据え付けのシートやフロアに置かれた椅子は大きく、ゆったりと腰かけて寛げる。窓のサイズや光の入り方（透け方）などについては、監督とスタッフで細かく打ち合わせの末、決定した。

Kitchen（厨房）

岳や海たちの主戦場。キャストや撮影クルーが動きやすいよう、広さを確保。大きく３つの島に分かれており、火を使って調理ができるほか、排煙にも対応。本物さながらの造りで、料理監修のシェフたちも「こんなキッチンで働きたい」と唸ったそう。

Office
（海の事務室）

キッチンに隣接している事務室は、海の趣味をうかがわせる洗練された雰囲気。全面ガラス張りで、キッチンの様子がすべて見えるようになっている。中に、スタッフ用のロッカーも設置。

Sink
（洗い場）

「配管が大変なので、排水ができるセットは滅多にない」と石井康晴監督談。２話で岳が皿洗いに追われるシーンも、この洗い場があるからこそ実現した。美術チームの熱意の結晶だ。

Offshot
Fumiya Takahashi

「K」での1シーンに密着

撮影現場の雰囲気

「開始10分前です！」という声が「K」のセットに響く。スタッフたちは照明の明るさや小道具の位置などを最終確認してキャストのインを待つ。ピリッと引き締まった空気の中、高橋と小芝が笑顔で会話を交わしながらセットに入った。二人が所定の位置につくと、さっそく石井監督と確認に入る。「ドライ（リハーサル）行きましょう」と監督が言うと、二人はスタンバイ。「スタート」の声がかかった瞬間、高橋はあどけなくまっさらな岳、小芝はクールな表情の中に強

Offshot
Jun Shison

い意志を感じさせる蘭菜の顔に変わった。岳と蘭菜として対峙する二人の間には、緊張感が漂う。しかしカットがかかれば一変、和やかな雰囲気で雑談を交わす。その切り替えの鮮やかさに、思わず感嘆のため息が漏れた。

一方の志尊は、「K」のスタッフとの共演シーンだ。セットに続々と「K」のスタッフたちが姿を見せ、席に着く。志尊は少し離れた席にスタンバイすると、このシーンではコックコートの袖をまくるかどうかなどを打ち合わせ。海というキャラクターをどう見せるか、志尊のこだわりが窺えた。全員が揃ったところで、監督からシーンについての説明が丁寧に行われる。真剣な表情で、その言葉に耳を傾ける志尊らキャスト陣。まずはドライだ。海の放つ強い言葉の前に、押し黙る「K」のスタッフたち。海としての志尊の声が、場を圧倒する。志尊はセリフの途中で場所を移動し、スタッフと言葉を交わす動きがあるため、そのタイミングや表現も監督と細かく確認していく。ドライを重ねるたびに表情も含め演技を少しずつ変化させ、どの芝居がしっくりくるかを試し続ける志尊。そして、その演技を受け止める高橋たち。キャストとスタッフが高い意識を持って集い、集中力を切らすことなく連携しながら作品を作り上げていく様子に、背筋が伸びた。

「K」で飛び交う レストラン用語

基本的な用語解説集

劇中のセリフには、料理に関するさまざまな用語が登場する。中には聞き慣れないものも。意味が分かると作品をより楽しめて役に立つ、そんな言葉をピックアップ。

Entrée chaude

アントレショード

フランス語で「入り口」。温前菜のことで、冷前菜はアントレフロワド（entrée froide）という。

Velouté

ヴルーテ

フランス料理で使われる基本ソースのひとつ。出汁にルーやクリームなどでとろみをつけ、なめらかにしたもの。

Assiette

アシェット

フランス語で「皿」。料理を取り分ける皿を指す。「アシェット・デセール」は“皿盛りのデザート”という意味。

Écume

エキューム

フランス語で「泡」のこと。野菜や果物のソース、ジュースなどの液体を泡にして、料理に合わせる技法を指す。

Arroser

アロゼ

フランス語で「水を撒く」。料理でソースなどを上から振りかけること。肉や魚に油をかけながら調理すること。

Cocido
コシード

スペインの伝統的な家庭料理で、肉や野菜を煮込んで作る温かいシチュー。ポルトガルでもよく食べられている。

Genovese
ジェノヴェーゼ

バジルに松の実、ニンニク、粉チーズ、オリーブオイルなどを加えて、よくすり潰したソースや、それを使った料理。

Sous-chef
スー・シェフ

「sous-」はフランス語で「～の下」という意味。副料理長のことで、料理長を補佐。料理長不在の場合は代役を務める。

Écumoire
エキュモワール

フランス語で「泡すくい、穴じゃくし」。灰汁をすくったり、メレンゲの泡を消さずに生地と混ぜたりするときに使う器具。

Estragon
エストラゴン

フランス料理の定番ハーブで、英語では「タラゴン」と呼ばれる。アニスに似た甘さと、独特の爽やかな風味をもつ。

Kadaïf
カダイフ

トルコやギリシャで使われる、小麦粉やトウモロコシ粉を原料とした極細の麺生地。“天使の髪”とも呼ばれる。

Quenelle
クネル

製菓用語で、アイスクリームや生クリームなどを盛り付けるときに、温めたスプーンですくって成形する方法のこと。

Pain perdu

パンペルデュ

フランス語で「失われた（ダメになった）パン」という意味。日本では「フレンチトースト」として定着している。

Purée

ピューレ（ピュレ）

野菜や果物、肉、魚などを生のまま、またはよく煮てから裏濾しし、なめらかに調えたもの。ソースやスープに使用。

Brunoise

ブリュノワーズ

野菜を均等に3mm程度の賽の目切りにすること。フレンチでの基本的な野菜の切り方のひとつ。

Spécialité

スペシャリテ

フランス語で「得意料理」を意味する言葉。シェフが最も得意とする料理で、店では看板メニューにあたる。

Sauté

ソテー

語源はフランス語の動詞「sauter（飛ぶ、跳ねる）」から。肉や魚、野菜など食材を、油やバターで炒める調理法のこと。

Diplomate

ディプロマット

「ディプロマットクリーム」のこと。カスタードクリームに、生クリームを合わせたもの。なめらかで、コクのある味わい。

Pain de campagne

パン・ド・カンパーニュ

「campagne」はフランス語で「田舎」という意味。全粒粉やライ麦粉などを使って作られ、素朴な味わいが特徴。

Poêlé

ポワレ

フライパンに油やバターをひいて、弱火でゆっくり火を通し、皮目をカリッと焼き上げたもの。

Mariné

マリネ

魚や肉、野菜などを、生のままもしくは揚げてから、香味野菜などと一緒に酢やワイン、油などを使った液に漬け込んだもの。

Maillard

メイラード（反応）

アミノ酸と糖を加熱したときに褐色に色づく反応のこと。これにより食材に、香ばしい風味がもたらされる。

Béchamel

ベシャメル

「ベシャメルソース」のこと。小麦粉をバターで焦がさないよう炒めて牛乳でのばし、煮詰めて作る。フレンチの基本ソースのひとつ。

Baeckeoffe

ベックオフ

アルザス地方の郷土料理。白ワインなどに漬け込んだ数種の肉と野菜を鍋に入れて、オーブンでじっくりと煮込む。

Beignet

ベニエ

フランス語で「衣をつけた揚げ物」の意。小麦粉を卵黄と牛乳で溶き、泡立てた卵白を加えた衣をつけて揚げたもの。

花椒

ホアジャオ

中国原産の調味料。料理にしびれる辛さと爽やかな香りをもたらす。麻婆豆腐などによく使われる。

ドラマ『フェルマーの料理』
プロデューサー・中西真央×演出家・石井康晴

スペシャル対談

——はじめに、『フェルマーの料理』をドラマ化しようと思ったきっかけを教えてください。

中西　料理をテーマにしたドラマ企画を考えていたときに原作の漫画と出会い、「料理×数学を組み合わせると、めちゃくちゃ面白い！」と気づかされました。私自身、食事をするのが好きなので、外食もよくするのですが、料理業界は女性が少ないと知り、そこに焦点を当ててみたいと思ったのが、最初のきっかけです。

——今回、石井監督にお声がけした理由とは？

石井　これは、言いづらいよね(笑)。

中西　ご本人を前に言うのはなかなか恥ずかしいのですが(笑)、〝エンタメ〟を作ってくださる監督だなと。俳優さんたちの若さやカッコよさを引き出し、魅力を引き立たせてくれるところがすごいなと思っています。私が初めて単発でプロデュースした作品でお世話になり、とてもディスカッションしやすかったんです。私には頑固なところがあり、監督も内心「何を言っているんだ……」と感じることもあったと思うのですが、きちんと話を聞いてくださる。よりよい作品作りのために、いろいろお話ができるという点が大きかったです。

石井　中西さんからお話をいただいて漫画をお借りし、自宅の自分の机に置いていたんです。そうしたら、いつの間にか息子が読んでいて、「お父さん、これ面白いよ」と言うんです。「何が面白かったの？」と尋ねたら、スピード感だと。「こんなスピード感で調理場の様子を見せたら、絶対に面白い！」と言うので、僕もそこから原作を読んだのですが、確かに息子の言うとおりだなと思いました。

——北田岳役に高橋文哉さん、朝倉海役に志尊淳さんというキャスティング、非常にハマっていますね。

中西　高橋さんは、笑顔はもちろんですが、真顔でなにか考えたり、感じたりしているときの表情がステキだなと思っていました。目や口元のちょっとした動きで、感情の細やかな表現ができる。岳は喜びつつも哀しさを感じたりするキャラクターなので、高橋さんならばその複雑な表現ができるのではないかと思い、お声がけしました。志尊さんは今まで優しいキャラクターを演じることが多かったかと思うのですが、実際にお会いすると非常にオーラのある方という印象を受けたんです。海はミステリアスで魅力的であってほしいと思っていたので、志尊さんであれば周りを強烈に惹きつけるキャラクターを作ってくれるだろうと、お願いしました。

石井　高橋君はまだ22歳ですよね。22歳で連続ドラマの主演をやった人って、相当久しぶりじゃないかな。連続ドラマの主演って、芝居ではど真ん中に立たなきゃいけないし、セリフも出番も圧倒的に多い。それに撮影だけじゃなく、宣伝周りのこともいろいろあるから、本当に大変なんです。きっと疲れているだろうに、すごくよく考えて芝居をしているし、常に周りへの気遣いもある。

Special Talk

ができる俳優さん。

に会った志尊君は、すごく色気が出ていて驚きました。
これまでの生き様が表れているように感じました」(石井)

中西　とても落ち着いていて、いつも穏やかですよね。

石井　本当に大人だなと思います。あるとき「君は、イライラすることはないの?」と聞いたら、「えぇっと……」としばらく考えてから、「ないかもしれません」って言っていました。まるで〝出木杉くん〟みたいです(笑)。

中西　「K」のメンバーはとても仲がいいのですが、そういう和気あいあいとした雰囲気を作っているのも、彼なのかなと思います。高橋さん自身は無意識だと思いますが、高橋さんが気負わずラフでいることで、周りも寛《くつろ》ぎやすいというか。現場でもずっと朗らかで、よく歌っていますよね(笑)。

石井　うん、確かに歌ってるね(笑)。志尊君とは8年前に仕事をしていて、今回久しぶりに会ったら、すごく色気が出ていて驚きました。色気って俳優には非常に大事で、「この人をずっと見ていたい」と思わせるものが溢れ出ている。彼のこの8年の生き様が、そこに表れているように感じました。

――ドラマは、漫画とは異なるストーリーも見どころです。ドラマオリジナルの展開は、どのように考えていったのでしょうか?

中西　原作が3巻までしかなかったので、ストーリーは私と脚本家とで話し合いをして内容を詰め、まとまったところで石井監督にも見ていただいて、原作の小林(有吾)先生のチェックを受けています。現時点(取材は10月下旬)でも脚本家とまだまだ奮闘中なのですが、いろいろと試行錯誤した末、登場人物たちが抱えるそれぞれの葛藤を謎のひとつとし、それを解き明かしながら物語が進んでいくという構成で全体を整えています。

石井　クランクインに際し、主演二人に言ったのは、「料理に懸けた若者の青春群像劇をやりたいんだ」ということ。料理のために青春を一生懸命に生きている、それを表現してほしいとお伝えしました。そうすれば、視聴者は〝料理〟を自分の好きなこと、やりたいことに置き換えながら、このドラマを楽しむことができますから。

中西　どの登場人物も、みんな個性的ですよね。

石井　お芝居に関しては、基本的に俳優が自分で考え、作ってきています。僕はそこに感想を言うくらい(笑)。あとはそれぞれの芝居のバランスを見ながら、全体としてまとめていくという感じかな。ただ海に関しては、今も志尊君とよくディスカッションしています。海はカリスマに見えなければいけないですし、演じるのが非常に難しいキャラクターなんですよ。

中西　そうですね。小林先生からも、「海のカリスマ性」という言葉がよく出てきます。

石井　とくに撮影の初めの頃は、セリフの言い方を何パターンも撮ったりして、彼には苦労をかけたなと思っています。〝カリスマ〟というのは、周りの目があって初めて成立するもの。ですから「K」のメンバーには、海に対するリスペクトを忘れないよう、口を酸っぱくして言っています。

中西　高橋さんと志尊さんをはじめ、今回キャスティングさせていただいた俳優の皆さんが、それぞれ役にぴったりだったのではないかなと思っています。お願いすることができ、本当によかったです。皆さん、チームとして強く団結している感じもあり、調理シーンなど大変なところも多いのですが、各々で息を合わせつつ、一生懸命やってくださっている姿を見ると、ありがたいなと思います。

石井　包丁さばきとか、きっとみんな、家で死ぬほどやり込んできてるよね。

中西　先日、バラエティー番組のインタビューで俳優さんたちが話していたのですが、みんな〝ゴソ練〟しているそうです(笑)。

石井　そうだろうなぁ。志尊君の包丁さばき、めちゃくちゃ

「高橋さんは、目や口元のちょっとした動きで、感情の細やかな表現
岳の複雑な表現ができると思いました」(中西)

「久しぶ
彼の

速いよね！

中西　はい。クランクインの時点で、もうあそこまでできるようになっていましたから、本当にたくさん練習されたんだと思います。

石井　ものすごい努力だと思いますよ。本当にリスペクトです！

中西　私自身、今も確認などのために漫画を読み返すことがあるのですが、そうするとお二人の演技に関し、「あのときの表情は、漫画のこのコマを意識していたのかな?」と気づくことがあるんですよね。私や石井監督からとくに改めてお願いしているわけではないのですが、お二人自身は都度、漫画に立ち返っているのだろうと思います。

――岳と海の主戦場であるレストラン「K」のセットは、どのようにして作られたのでしょうか。

石井　最初に外観を決めたのですが、あれは青山にあるレストランです。あの大きな建物に見合うサイズ感で、キッチンとホールを美術チームに考えてもらいました。かなりの規模で、あれだけの大きさの厨房セットを使ったドラマというのは、滅多にないと思います。

中西　まるで本物のレストランみたいですよね。セットに入るとワクワクします！

石井　キッチンに関する僕からのオーダーは、「広めに作ってほしい」と「動線を多くしてほしい」。キッチンの島は最初2つだったのですが、スタッフたちの動きをいろいろなバリエーションで見せられるよう、3つに変更してもらいました。そしてホールのデザインに関しては、スタッフ全員で議論しました。今回、撮影監督に木村信也さん、照明に石黒靖浩さんという映画スタッフの方に参加いただいていて、彼らの力は非常に大きい。画の作り方やライティングによって、セットがセットっぽく見えなくなるんです。セットっぽさをなくすために、窓の大きさや透け方などについても、細かく打ち合わせました。

――キッチンでの調理シーンは、スピード感溢れる映像が印象に残ります。

石井　これは主に撮影監督の木村さんと助監督の石倉大和君が頑張っているところです。まず石倉君が、料理監修の田村浩二先生と服部栄養専門学校の先生方と、キッチンでの動きを打ち合わせて各俳優の動きを決めます。その後、キッチンに入るメンバー全員分のエキストラの方々を呼び、リハーサルをやって動きや流れをチェック。それを動画に撮って俳優たちに渡して本番までに覚えてもらい、撮影当日は、エキストラの方々が俳優陣に動きを伝えていきます。

――まるでダンスの振り付けのようですね！

石井　細かいリハーサルがなければ、ああいう画は撮れませんからね。その俳優たちの本番の動きを、木村さんが切り取っていくという感じです。

中西　「K」のメンバー同士の息が合っているからこそ、ああいう撮影もスムーズに進んでいるのだろうなと思います。

――また作品を彩る料理も、非常に魅力的です。

石井　料理のドラマですから、料理を美しく見せることが大前提。それゆえ、田村先生と服部栄養専門学校の先生方には大変なご苦労をおかけしていて、本当に感謝しかありません。皆さんの頑張りが、ドラマ『フェルマーの料理』のカラーになっていると思っています。

中西　賄《まかな》いで出てくるカレーひとつとっても、すごくおいしそうなんですよね。現場では、撮影の最前線にいる方々に食べていただいているので、私も監督も、今のところ何も食べていないという状況です(笑)。

できるように。

は、感動だけでなく笑いなどいろいろなものを生んでくれる。
ちには、一生懸命、料理に懸ける青春を生きてほしい」(石井)

石井　スタッフや俳優さんたちは、けっこう食べてるよね。本当においしいから、みんな残さず食べちゃって、すごく大事なこと。でもドラマの消えものがおいしいって……（笑）。以前、『流星の絆』というドラマをやったときに、ハヤシライスが大事な要素で出てきていたのですが、これがとてもおいしかった。そうすると、俳優の芝居もやっぱり違うんです。だから現場でおいしいものを作っていただけているこの環境を、本当にありがたく思っています。

中西　撮影が終わるまでには、我々も狙いに行きたいですね（笑）。

石井　助監督の中には、「全クリ（全料理を制覇）しています」っていう強者もいるからね（笑）。一回は食べられたらいいなぁ。

――主題歌の10－FEETさんの『Re 方程式』が、ドラマの始まりを盛り上げます。

中西　映画『THE FIRST SLUM DUNK』がヒットした影響もあり、より〝旬〟なイメージがあるアーティストさんです。石井さんが目指すスピード感を表すような楽曲を作ってくださるのではないかと思い、お願いしました。作品にぴったりの楽曲を作っていただけたと思っています。

石井　劇中の音楽は木《き》村《むら》秀《ひで》彬《あきら》君という作曲家が作ってくれているのですが、彼は実はロックギターが専門なんです。今回のサントラにロックっぽいハードなカッコよさがあるのは、彼がギタリストであるというところに拠る部分が大きいかなと思います。

中西　岳が異空間に飛ばされるCGにも、シーンに合った独特の浮遊感がよく出ていますよね。

石井　そう、あの音楽もいいよね。異空間の映像化は、本当に大変でした。通常、映像での合成は、グリーンバックで撮った映像にロンドンの風景を合成するなど、〝在る〟ものの組み合わせです。しかし今回は、誰も見たことのない世界をイチから作り上げなければいけない。これはVFXの宮崎浩和君が、数学監修の先生方をはじめ、さまざまなアイデアを集めてまとめてくれました。

――今回の作品作りにおいて、お二人が心がけていることは？

中西　私自身、気を付けていないと〝見たことがあるもの〟をやってしまいそうになるんです。せっかくやるからには、目新しいものを提案できるよう、考えています。たとえば、ドラマは最初の1～2分で、視聴率が下がりやすい。それをどうしたら食い止められるかということで、モノローグでゆったり回想していくという流れとは違うかたちでやったらどうかなと思いました。それが正解なのかは分かりませんが（笑）、〝ありがち〟にならないことを意識しています。

石井　やっぱり、それぞれが一生懸命に生きていることが、芝居から窺《うかが》えるようにというところじゃないかな。一生懸命って感動を呼ぶ以外に、笑いなどいろいろなものも生んでくれる。だから俳優たちには、一生懸命、料理に懸ける青春を生きることだけ、求めています。

――最終回に向け、目指していきたいところをお聞かせください。

中西　『フェルマーの料理』では頑張る若者たちの姿を描きます。その努力が全員花開くとはかぎらず、もしかしたら夢が断たれてしまうかもしれません。でも、頑張ってきたことは決して無駄ではないですし、苦しみや悩みを一人で抱え込まなくていい。そういうメッセージが、最後に伝わればいいなと思っています。

石井　僕も、ほぼ同じ想いです！　どのドラマの現場も大変ではありますが、全員、結局は好きだからやっているし頑張れる。最後まで、作品を楽しんでいただければ嬉しいです。

「“見たことがあるもの”ではなく、やるからには目新しいものを提案
“ありがち”にならないように意識しています」（中西）

「一生懸命と
だから俳優た

『フェルマーの料理』原作者

小林有吾　スペシャルインタビュー

——『フェルマーの料理』ドラマ化の話を聞いたときの気持ちを教えてください。

小林　分かりやすい言葉で表現するならば、「戸惑い」です（笑）。青天の霹靂《へきれき》というぐらいの驚きでした。コミックスはその当時、3巻までしか出ていませんでしたから、いったいどんなふうに作るのだろうと。でも、ドラマ化のお話をいただけるだけでもありがたく光栄なことだと、少しずつ嬉しさがこみあげてきました。

——ドラマ化を承諾した理由を教えてください。

小林　企画書やプロットを拝見したときに、制作陣の「物語を創ろう」という決意が、心に響きました。クリエイターの方々の熱い気持ちや執念を感じたんです。今回のドラマ化に関しては、オリジナルストーリーが加わってこその企画だというのは理解していましたし、この作品を通して皆さんが観せたいことを、僕も観たいと思いました。その気持ちは、今も変わりません。

——ドラマの台本もすべて、目を通されたと聞きました。

小林　そうですね。漫画を描きながらの確認になるので、時間的に大変な部分もありますが、もともと「物語を創ろう」とスタートしている企画なので、それに対して僕も100％で応えたいと思いました。これまでにまとまった台本については、その出来に本当に満足しています。ドラマは、ドラマスタッフの方々が創りあげた新たな岳と海の物語だと受け止めて、楽しんでいます。

——北田岳役に高橋文哉さん、朝倉海役に志尊淳さんという配役について、先生の印象を聞かせてください。

小林　僕は普段あまりドラマや映画を観ないので、俳優さんには詳しくないのですが、高橋さんに関しては、妻が『最愛』が好きで、観るように勧められたことがあり、そのドラマで知りました。志尊さんに関しても、妻が『らんまん』にハマっていて、よく「竹雄がすごくいい！」と聞いていたので、そこで知ったという感じですね。僕の数少ない知識の中に刺さっていたお二人が主演と聞いて、すごい巡り合わせだなと思いました。

　第1話をリアルタイムで視聴したのですが、まずは豹変した岳にびっくり！　彼がそうなるというのは台本上で事前に分かっていたのですが、実際に高橋さんが演じているのを見て、「こういう岳になるのか！」と感心。その後に豹変する前の岳が登場して、その落差にまた驚きました。優しくて純朴で、計算高くなくほわ～んとした岳がそこにいて、もう言うことなしでしたね。志尊さん演じる海は、妖艶さも含んだ美しさを備えつつ、目が寂しそうなところが海そのもの。「海は、志尊さんにしかできないな」と感じました。

Special Interview

物語だと

――ご自身の漫画が実写化されて、どのように感じましたか？

小林　アニメ化とはまた異なり、漫画とドラマが〝表裏一体〟になるわけではないと思っていました。実際にドラマを観るまで、生身の人間で、どこまで作品の世界観を再現できるのか非常に気になっていたのですが、第1話を見て、「本当によくやってくださった！」という気持ちです。制作の方々の苦労も知っていますから、本当に頑張っていただいたんだなと思いました。

たとえば、第1話の岳とお父さんのシーン。原作ではサラッとやったところだったのですが、そこを膨らませて丁寧に描き、視聴者の方の心にグッと迫るシーンに持っていくというのは、監督の演出の力なのだろうなと思いました。ちなみに妻は第1話を2回観ているのですが、2回ともそのシーンで泣いていました（笑）。また、セットの造りも素晴らしいですよね。僕が描いている「K」よりもはるかに本格的で、「確かに星を獲るような一流店って、こういう感じだよね」と逆に教えられました（笑）。

――作品のイメージを左右する主題歌は、10－FEETの『Re方程式』です。

小林　担当編集さんから楽曲のデータをいただいて初めて聞いたとき、普段、担当さんとのやりとりは敬語なのですが、そのときだけはひと言、「クソカッコいい！」と送りました（笑）。それぐらい、カッコよさに撃ち抜かれてしまって……。それからずっと、めちゃくちゃ聞いています！　僕はよく夜中にひとりでドライブをするのですが、車中で何回リピートしたか分からないくらい。ハードな曲調がカッコよくて、聞いた瞬間、「主題歌がこの楽曲でよかった！」と思いました。

――ドラマ化に関し、周りの方からはどのような反応がありましたか？

小林　ドラマ化が決まって、取材でお世話になったお店などにポスターを持ってご挨拶に行ったのですが、皆さん本当に喜んでくださいました。僕が住んでいる愛媛は東京と離れていることもあり、作品がテレビドラマになるなんて、まさに夢のような話なんです。「頑張りましたね！」と声をかけられ、皆さんが喜んでくれている姿を目にして、「本当によかったな」と思いました。ドラマ放送後も、スタッフをはじめ周りの方々から「とてもよくできてるね」「すごいね」と言ってもらえています。僕よりも映画やドラマをたくさん観て、さまざまな作品を知っている人たちからそう言ってもらえるのは、とても嬉しいですね。

――ドラマ化を受けて、先生の中で何か変化はありましたか？

小林　ドラマに対する見方が大きく変わりました。これまで、実写化についてあまり深く考えていなかったのですが、今回のお話をいただいてから、漫画原作のドラマがどうなっているのか、いろいろな作品を観てみたんです。そうすると、ひと口にドラマといっても、本当にいろいろな方法や枠組み、予算で作っているんだということに初めて気づきました。〝生きた〟人たちがたくさん関わって制作しているのを目の当たりにし、関わる人間のスキルや熱量が作品そのものに表れるのだなと痛感したんです。非常に大きな発見でした。

――原作漫画について教えてください。「数学」×「料理」というテーマを選んだ理由とは？

小林　前作『てんまんアラカルト』の連載が始まるとき（2011年）に、編集さんから「今、料理がどんどんロジ

Yugo Kobayashi

「ドラマスタッフの方々が創りあげた、新たな岳と海の
受け止めて楽しんでいます」（小林）

カルになっている。理科の実験をするように、論理的に細分化して作るのが主流になっている」という話を聞いていました。そこから7年ほど経ち、料理をテーマにした作品に挑むとなったときに、「科学」×「料理」の組み合わせはもう新鮮ではないし、もっと深いところまで踏み込むには、科学や物理などの始まりでもある数学だなと思ったんです。「数学」と「料理」とを組み合わせることで、目新しくスタイリッシュな作品になるのではないかと考えました。

――数学が得意だったとか……？

小林　いえ、まったく得意ではないです（笑）。僕自身は数学的な思考があまりできない人間だと思いますが、取材をしていく中で、システムエンジニアから料理人に転身し、ミシュラン三つ星を獲っていらっしゃる米田肇シェフなどの存在を知り、「数学×料理の組み合わせは間違っていない」という手応えを得られました。それは執筆を進めるうえでも、大きな力になっています。

――世界にはさまざまな料理が存在しますが、「K」をフランス料理のレストランにした理由を教えてください。

小林　『てんまんアラカルト』連載時、ロジカルに作る料理の代表例として、コース料理で挑戦しているシェフが非常に多かったというのがあります。論理を追究し尽くして作るとなると、やはりフランス料理なのだと思いました。とはいえ、「K」で出す料理に関しては、必ずしもフランス料理でなくてもいいと思っています。ナポリタンも出てきますしね（笑）。

――『フェルマーの料理』を描く楽しみを、どのようなところに感じていますか？

小林　僕は、本作とは別に『アオアシ』という作品も描いています。『アオアシ』は自分の漫画家人生においてとても大きな存在で、全てを変えてくれた作品です。最初は大変でしたが、今では大きくなり、もう〝みんなのもの〟になったというか……。僕が特別に何かしなくても、ただ見守っていれば、みんなが『アオアシ』を愛してくれる。そんな段階になったと思っています。一方、『フェルマーの料理』はまだまだ始まりの段階なので、手がかかりますし、僕次第なところも大きい。『アオアシ』の連載初期もそうでしたが、選択を間違えられないんですよね。一歩間違えれば、読者の評価が一気に落ちてしまうという怖さが常にあります。「これからどうやっていこうか？」と試行錯誤しているこの時期が、しんどいけれど楽しくもあります。

――『フェルマーの料理』を描くうえでのこだわりとは？

小林　いちばんは、料理をおいしそうだと思ってもらえること。読んでくれた方に「これを食べてみたい」「作ってみたい」と思ってほしい。「読んでいると、お腹が空く！」となってほしい。それが料理漫画の大前提だと思っているので、大事にしているところです。また『フェルマーの料理』は不定期連載なので、毎回、物語を思い出してもらうところから始めなくてはいけません。そういう条件で「面白い」と思ってもらうのは、実はなかなかハードルが高いことなので、掲載の度に「受け入れてもらえるのだろうか」という不安は出てきます。次の掲載まで時間が空いてしまうときは、ヒキを強くして「待っていてほしい」というメッセージを込める。やはり、〝読者たちが何を見たい（読みたい）か〟を忘れないように心がけています。幸い、この作品は掲載するごとに読者の方からの声が大きくなっていると感じていて、ありがたいかぎりです。

――先生が考える「数学」と「料理」、それぞれの魅力とは？

小林　数学は、絶対に答えがあるというのがいちばんの魅

が決まるタイミングで

力だと思います。たとえば『アオアシ』の場合は三者三様の答えがあったりもするのですが、数学に関しては基本的に曖昧な答えがない。その世界はドライで、優しくないといえば優しくないけれど、絶対正義。数学が好きな人にとっては、ハッキリしているところが魅力なのだろうと思います。そして料理に関しては、僕、食べることがめちゃくちゃ好きなんです！　日頃は漫画を描いてばかりで家から出ることがほとんどないので、日々の楽しみは食べることぐらい（笑）。だからおいしいお店に食事に行ったり、家でおいしいごはんを食べたりするときが、一日の中で数少ない、本当に幸せな時間なんですよね。食べることが誰よりも好きな自信があります！

――岳はナポリタンによって人生が変わりますが、先生にも〝人生を変えた料理〟はありますか？

小林　忘れられない料理があります。「月刊少年マガジン」で初めての連載が決まる直前、偶然にも東京に行ったんです。観光でもしようと思っていたら、当時の担当さんが食事をご馳走してくださると言うので、朝10時くらいに築地市場へ行き、小料理屋さんに入りました。とれたての魚を捌いて出してくれるお店です。そこで最初に出された「マグロの赤身のお寿司」。しかも、一貫。それがもうちょっと信じられないぐらいのおいしさで、脳天がしびれるぐらいの衝撃を受けたんです！　シャリがいい感じにほぐれ、全部が口の中で一瞬にして解《ほど》けた感じがしました。「なんだこれ!?」「これが東京の食レベルなのか？」と唖然。その後に出てきた料理も全部おいしかったけれど、あのときのマグロは、今も鮮明に覚えています。愛媛でもたくさんの魚が獲れ、寿司もおいしく、自分はおいしい寿司を食べていると思っていたのですが、それをとんでもない高さで超えていった。そんな一貫でした。

今にして思うと、築地に行ってマグロを食べたのも初めてでしたし、「漫画家になる」という長年の夢が叶う瞬間だったので、担当さんが「期待してますよ！」という意味も込めて〝接待〟してくださった、その喜びも相まっての衝撃だったんだと思います。だからきっと、あの味は二度と味わえないでしょうね。僕の思い出の中で美化されてしまっているのかもしれませんが、本当に忘れられない味です。

――ドラマもいよいよ終盤ですが、今、本作に対しどのようなお気持ちですか？

小林　本作のプロデューサーである中西（真央）さんもそうですし、キャストさんも若い方が多いので、このドラマの現場にはきっと〝若さ〟が強く出ているのだろうなと思っています。失敗なんて恐れずに、今しかない空間を、キャストさんとスタッフさんみんなで楽しんでもらいたい。この作品を、そして若さを楽しんでほしいですね。

――最後に、主演お二人に向けてメッセージをお願いします！

小林　お二人とも、本当に才能がある方だと思います。ドラマを作っていく過程を拝見しただけでも「このモノづくりに、偶然はない」と思いました。お二人が今、そういう場に身を置いているという時点で、他にはないさまざまなものを備えているのだと思います。今後、目指すところはそれぞれかと思いますが、お二人が人生を懸けてその世界に挑み、この作品を経てどうなっていくのか、作品が終わった後も見届けたいなと思っています。そこも踏まえて、ずっと楽しみに観させていただきます！

Yugo Kobayashi

「僕にとっての“ナポリタン”は、はじめての漫画連載築地でいただいた“一貫のマグロ”」（小林）

BOOK STAFF

企画・構成　石井美由紀

取材・文　木下千寿

原稿協力　今　泉

撮影　山口宏之［表紙、P1〜P14、P78〜79、P81］
大坪尚人［P60〜P77］
日下部真紀［P56〜59、P78〜P83］
長谷川真也（竜カンパニー）［ドラマ写真］

ヘアメイク　〈高橋文哉〉大木利保
(CONTINUE)［P60〜P77］
〈志尊 淳〉礒野亜加梨［P60〜P77］

スタイリング　〈高橋文哉〉鴇田晋哉［P60〜P77］
〈志尊 淳〉九(Yolken)［P60〜P77］

レシピ監修　田村浩二

デザイン・装丁　門田耕侍

出版コーディネート　六波羅梓　塚田恵
(TBSグロウディア　ライセンス事業部)

制作協力　『フェルマーの料理』ドラマ制作チーム

竹内里穂（TBSテレビ ドラマ制作部）

中川麻衣　豊岡聡美
(TBSテレビ プロモーション部)

株式会社講談社
「月刊少年マガジン」編集部

DRAMA STAFF

原作　小林有吾
『フェルマーの料理』
（講談社「月刊少年マガジン」連載）

脚本　渡辺雄介
三浦希紗

主題歌　10-FEET
「Re方程式」（ユニバーサル ミュージック）

音楽　木村秀彬

料理監修　田村浩二
服部栄養専門学校

プロデューサー　中西真央

演出　石井康晴
平野俊一
大内舞子

製作著作　TBS

金曜《きんよう》ドラマ
フェルマーの料理《りょうり》 公式《こうしき》ガイドブック
「K《ケイ》」のレシピ

2023年12月12日　第1刷発行

講談社《こうだんしゃ》 編

発行者　森田浩章
発行所　株式会社講談社
〒112-8001 東京都文京区音羽 2-12-21
電話　編集 03-5395-3474
販売 03-5395-3608
業務 03-5395-3615
（落丁本・乱丁本はこちらへ）

KODANSHA

印刷所　大日本印刷株式会社
製本所　大口製本印刷株式会社

Printed in Japan　ISBN 978-4-06-533781-3　N.D.C.778 95p 26cm